NAJLEPSZA KSIĄŻKA KUCHENNA NA BLISKIM WSCHODZIE

Delektuj się 100 bogatymi smakami kuchni bliskowschodniej

Tomasz Baran

Prawa autorskie ©2024

Wszelkie prawa zastrzeżone

Żadna część tej książki nie może być wykorzystywana ani rozpowszechniana w jakiejkolwiek formie i w jakikolwiek sposób bez odpowiedniej pisemnej zgody wydawcy i właściciela praw autorskich, z wyjątkiem krótkich cytatów użytych w recenzji. Niniejsza książka nie powinna być traktowana jako substytut porady lekarskiej, prawnej lub innej porady zawodowej.

SPIS TREŚCI

SPIS TREŚCI 3
WSTĘP 6
ŚNIADANIE 7
1. Galettes z czerwoną papryką i pieczonymi jajkami 8
2. Acharuli chaczapuri 11
3. Shakshuka 15
4. Jajka duszone z jagnięciną, tahini i sumakiem 17
PRZYSTAWKI 20
5. Hummus podstawowy 21
6. Hummus Kawarma (jagnięcina) z sosem cytrynowym 23
7. Cegła 26
8. Sfiha lub Lahm Bi'ajeen 29
9. Falafel 32
10. A'ja (placki chlebowe) 35
11. Placki z boćwiny 37
12. Musabaha (ciecierzyca na ciepło z hummusem) i opiekana pita ... 39
13. Pigwa nadziewana jagnięciną z granatem i kolendrą 42
14. Latkesa 45
15. Ciasto rzepowo-cielęce 47
16. Faszerowana cebula 50
17. Otwórz Kibbeh 53
18. Siekana wątroba 56
19. Kubbeh hamusta 59
20. Nadziewane papryczki Romano 63
21. Bakłażan nadziewany z jagnięciną i orzeszkami piniowymi 66
22. Ziemniaki faszerowane 69
23. Karczochy faszerowane groszkiem i koperkiem 72
DANIE GŁÓWNE 75
24. Pieczone słodkie ziemniaki i świeże figi 76
25. Grubas Na'amy 79
26. Ciasto ziołowe 82
27. Pieczony bakłażan ze smażoną cebulą 85
28. Pieczona dynia piżmowa z za'atarem 88
29. Fasola Fava Kuku 91
30. Cytrynowe klopsiki z pora 94
31. Sałatka z warzyw korzeniowych z labneh 97
32. Smażone pomidory z czosnkiem 99
33. Bakłażan Chermoula z bulgurem i jogurtem 101
34. Smażony kalafior z tahini 104
35. Grill mieszany bliskowschodni 107
36. Duszona przepiórka z morelami i tamaryndowcem 110

37. Kurczak Pieczony Z Klementynkami 113
38. Kurczak Pieczony Z Topinamburem 116
39. Gotowany kurczak z freekeh 119
40. Kurczak z Ryżem Cebulowym i Kardamonem 122
41. Sałatka z kurczakiem i ziołami szafranowymi 125
42. Sofrito z kurczakiem 128
43. Kofta B'siniyah 131
44. Pulpety Wołowe Z Fasolą Fava I Cytryną 134
45. Klopsiki jagnięce z berberysem, jogurtem i ziołami 137
46. Burgery z indyka i cukinii z zieloną cebulą i kminkiem 140
47. Wolno Gotowana Cielęcina Z Śliwkami I Porem 143
48. Shawarma jagnięca 146
49. Smażony okoń morski z harissą i różą 149
50. Szaszłyki rybno-kaparowe z palonym bakłażanem i marynatą cytrynową 152
51. Makrela smażona z salsą ze złocistego buraka i pomarańczy 155
52. Ciasta z dorsza w sosie pomidorowym 158
53. Grillowane szaszłyki rybne z Hawayej i pietruszką 161
54. Krewetki, przegrzebki i małże z pomidorami i fetą 164
55. Steki z łososia w sosie Chraimeh 167
56. Ryba marynowana słodko-kwaśna 170
57. Pasta z dyni piżmowej i tahini 173
58. Polpetone 175
59. Okra zwęglona z pomidorem 179
60. Palony bakłażan z pestkami granatu 181
61. Tabbouleh 184
62. Ziemniaki pieczone z karmelem i suszonymi śliwkami 187
63. Boćwina z tahini, jogurtem i maślanymi orzeszkami pinii 190
64. Ryż szafranowy z berberysem, pistacjami i mieszanką ziół 193
65. Sabih 196
66. Mejadra 199
67. Jagody pszenne i boćwina z melasą z granatów 202
68. Balilah 204
69. Ryż basmati i orzo 206
70. Ryż basmati i dziki z ciecierzycą, porzeczkami i ziołami 208
71. Risotto jęczmienne z marynowaną fetą 211
72. Conchiglie z jogurtem, groszkiem i Chile 214
73. Maqluba 216
74. Kuskus z pomidorem i cebulą 220

SAŁATKI **223**

75. Sałatka ze szpinaku baby z daktylami i migdałami 224
76. Sałatka z surowych karczochów i ziół 226
77. Sałatka z pietruszki i jęczmienia 228
78. Mieszana sałatka fasolowa 231
79. Sałatka z kalarepy 234

80. Pikantna sałatka z marchwi 236
81. Sałatka frykasowa 238
82. Przyprawiona ciecierzyca i sałatka jarzynowa 241
83. Sałatka z grubej cukinii i pomidorów 244
84. Pikantna Sałatka z Buraków, Porów i Orzechów 247
85. Sałatka z pieczonego kalafiora i orzechów laskowych 250

ZUPY 252
86. Zupa z rzeżuchy i ciecierzycy z wodą różaną 253
87. Gorąca zupa jogurtowo-jęczmienna 256
88. Zupa z fasoli cannellini i jagnięciny 258
89. Zupa z owoców morza i kopru włoskiego 261
90. Zupa pistacjowa 264
91. Zupa z spalonego bakłażana i Mograbieh 267
92. Zupa pomidorowo-zakwasowa 270
93. Rosół klarowny z knaidlami 272
94. Pikantna zupa freekeh z klopsikami 276

DESER 279
95. Słodkie Cygara Filo 280
96. Puree z buraków z jogurtem i za'atarem 283
97. Ka'ach Bilmalch 285
98. Bureki 288
99. Ghraybeh 291
100. Mutabbak 293

WNIOSEK 296

WSTĘP

Wyrusz w kulinarną odyseję, która przekracza czas i granice, zapraszając Cię do odkrywania tętniącego życiem gobelinu smaków w „NAJLEPSZA KSIĄŻKA KUCHENNA NA BLISKIM WSCHODZIE". Na stronach tego kulinarnego arcydzieła zagłębiamy się w serce kuchni Bliskiego Wschodu, prezentując kuszący zestaw 100 przepisów, które odzwierciedlają bogactwo i różnorodność tej starożytnej tradycji kulinarnej.

Wyobraź sobie aromaty egzotycznych przypraw unoszące się na tętniących życiem targowiskach, skwierczenie mięs na otwartym grillu i ciepłą gościnność, która definiuje kuchnię Bliskiego Wschodu. Od skąpanych w słońcu wybrzeży Morza Śródziemnego po pełne przypraw bazary Półwyspu Arabskiego – ta książka kucharska to Twoja przepustka do delektowania się charakterystycznymi i urzekającymi smakami, udoskonalanymi przez wieki.

Nasza kulinarna podróż wykracza poza sferę przepisów; jest to święto dziedzictwa kulturowego, tradycji i kunsztu kuchni Bliskiego Wschodu. Każde danie jest arcydziełem samym w sobie, opowiadającym historię wpływów regionalnych, tradycji rodzinnych i głębokiego związku z ziemią.

Niezależnie od tego, czy jesteś początkującym szefem kuchni, który pragnie odtworzyć autentyczne smaki Bliskiego Wschodu, czy też doświadczonym odkrywcą kulinarnym, który chce poszerzyć swój repertuar, te przepisy zostały starannie opracowane, aby poprowadzić Cię przez zawiłe niuanse kuchni Bliskiego Wschodu. Dołącz więc do nas i wyrusz w tę pełną smaków przygodę, w której każda strona otwiera nowy rozdział w bogatej kolekcji „Najlepszej książki kucharskiej na Bliskim Wschodzie".

ŚNIADANIE

1. Galettes z czerwoną papryką i pieczonymi jajkami

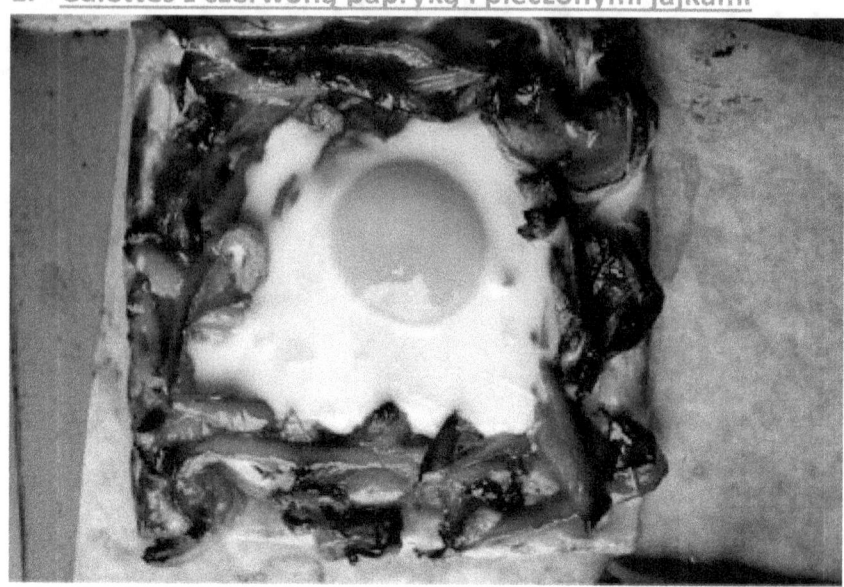

Sprawia: 4

SKŁADNIKI

- 4 średnie czerwone papryki, przekrojone na pół, pozbawione nasion i pokrojone w paski o szerokości 1 cm
- 3 małe cebule przekrojone na pół i pokrojone w kliny o szerokości 2 cm
- 4 gałązki tymianku, liście zebrane i posiekane
- 1 ½ łyżeczki mielonej kolendry
- 1 ½ łyżeczki mielonego kminku
- 6 łyżek oliwy z oliwek plus trochę do wykończenia
- 1 ½ łyżki liści pietruszki płaskolistnej, grubo posiekanych
- 1 ½ łyżki liści kolendry, grubo posiekanych
- 250 g najwyższej jakości ciasta francuskiego maślanego
- 2 łyżki / 30 g kwaśnej śmietany
- 4 duże jajka z wolnego wybiegu (lub 160 g pokruszonego sera feta) plus 1 lekko ubite jajko
- sól i świeżo zmielony czarny pieprz

INSTRUKCJE

a) Rozgrzej piekarnik do 210°C/400°F. W dużej misce wymieszaj paprykę, cebulę, liście tymianku, mielone przyprawy, oliwę z oliwek i dużą szczyptę soli. Rozłóż na blaszce do pieczenia i piecz przez 35 minut, mieszając kilka razy w trakcie gotowania. Warzywa powinny być miękkie i słodkie, ale nie zbyt chrupiące ani brązowe, ponieważ będą się dalej gotować. Wyjmij z piekarnika i wymieszaj z połową świeżych ziół. Dopraw do smaku i odłóż na bok. Rozgrzej piekarnik do 220°C.

b) Na lekko posypanej mąką powierzchni rozwałkuj ciasto francuskie na kwadrat o boku 30 cm i grubości około 3 mm i pokrój na cztery kwadraty o średnicy 15 cm. Kwadraty nakłuwamy widelcem i układamy w odpowiednich odstępach na blaszce wyłożonej papierem do pieczenia. Odstawić do lodówki na co najmniej 30 minut.

c) Wyjmij ciasto z lodówki i posmaruj wierzch i boki roztrzepanym jajkiem. Używając szpatułki lub tylnej części łyżki, rozprowadź 1½ łyżeczki kwaśnej śmietany na każdym kwadracie, pozostawiając margines o szerokości 0,5 cm wokół krawędzi. Ułóż 3 łyżki mieszanki pieprzowej na wierzchu kwadratów pokrytych kwaśną śmietaną, pozostawiając brzegi wolne do wyrośnięcia. Należy go rozprowadzić dość równomiernie, ale pozostawić pośrodku płytkie wgłębienie, w którym później zmieści się jajko.

d) Piec galettes przez 14 minut. Wyjmij blachę do pieczenia z piekarnika i ostrożnie wbij całe jajko w zagłębienie pośrodku każdego ciasta. Wróć do piekarnika i piecz przez kolejne 7 minut, aż jajka się zetną. Posyp czarnym pieprzem i pozostałymi ziołami i skrop oliwą. Podawać na raz.

2. Acharuli chaczapuri

SKŁAD: 6
SKŁADNIKÓW
CIASTO
- 2 szklanki / 250 g mąki chlebowej
- 1 ½ łyżeczki szybko rosnących aktywnych suszonych drożdży
- 1 duże ubite jajko z wolnego wybiegu
- ½ szklanki / 110 g jogurtu greckiego
- ¼ szklanki / 60 ml letniej wody
- ½ łyżeczki soli

POŻYWNY
- 40 g sera Halloumi, pokrojonego w 0,5 cm kostkę
- 2 łyżki / 20 g pokruszonego sera feta
- ¼ szklanki / 60 g sera ricotta
- ¼ szklanki / 60 g sera ricotta
- ¼ łyżeczki mielonego czarnego pieprzu
- ⅛ łyżeczki soli i dodatkowo do wykończenia
- ½ łyżki posiekanego tymianku, plus trochę do posypania
- ½ łyżki zataru
- otarta skórka z ½ cytryny
- 6 dużych jaj z wolnego wybiegu
- oliwa z oliwek, do podania

INSTRUKCJE

a) Zacznij od ciasta. Do dużej miski przesiać mąkę i dodać drożdże. Lekko wymieszaj. Zrób na środku dołek i wlej połowę jajka (drugą połowę zachowaj do późniejszego posmarowania bułek), jogurt i letnią wodę. Posyp solą wokół dołka.

b) Rozpocznij mieszanie, w razie potrzeby dodając odrobinę więcej wody (nie za dużo; ciasto powinno być suche), aż wszystko połączy się w szorstkie ciasto. Przełożyć na stolnicę i zagniatać ręcznie przez 10 minut, aż powstanie miękkie, elastyczne i nieklejące się ciasto. Ciasto włóż z powrotem do miski, przykryj ściereczką i pozostaw do wyrośnięcia w temperaturze pokojowej, aż podwoi swoją objętość, od 1 do 1,5 godziny.

c) Ugniataj ponownie, aby wypuścić powietrze. Ciasto podzielić na 6 równych części i każdą z nich uformować w kulkę. Ułożyć na lekko posypanej mąką powierzchni, przykryć ściereczką i odstawić do wyrośnięcia na 30 minut.

d) Aby przygotować nadzienie, należy połączyć wszystkie składniki oprócz jajek i oliwy z oliwek i dobrze wymieszać. Włóż blachę do pieczenia do piekarnika i rozgrzej do 220°C.

e) Na dobrze posypanej mąką powierzchni uformuj kulki ciasta w koła o średnicy 16 cm i grubości około ⅙ cala / 2 mm. Można to zrobić za pomocą wałka do ciasta lub rozciągając go rękami.

f) Na środek każdego koła nałóż łyżką mniej więcej jedną szóstą nadzienia serowego i delikatnie rozprowadź je w lewo i w prawo, tak aby prawie sięgało obu krawędzi koła. Weź prawą i lewą stronę między palce i ściśnij je, lekko rozciągając ciasto, aby utworzyć wydłużone ciasto w kształcie łódki z serem w środku. Wyprostuj boczne ścianki i postaraj się, aby miały co najmniej 1¼ cala / 3 cm wysokości i szerokości, tak aby w środku było wystarczająco dużo miejsca, aby pomieścić ser i całe jajko, które zostanie dodane później. Ponownie zaciśnij końce, aby nie otworzyły się podczas gotowania.

g) Posmaruj bułki pozostałą połówką jajka i ułóż je na arkuszu papieru pergaminowego wielkości blachy do pieczenia. Posyp bułki kilkoma listkami tymianku. Wyjmij blachę do pieczenia z piekarnika, szybko połóż na niej pergamin i bułki, a następnie włóż blachę z powrotem do piekarnika. Piec przez 15 minut, aż brzegi nabiorą złotego koloru.

h) Wyjmij blachę do pieczenia z piekarnika. Rozbij jajko do małej filiżanki. Nie rozbijając, delikatnie unieś palcami żółtko i umieść je na środku jednej z bułek. Wlać tyle białka, ile się zmieści, a następnie powtórzyć tę czynność z pozostałymi jajkami i bułkami. Nie martw się, jeśli trochę białka się rozleje; to wszystko jest częścią rustykalnego uroku. Włóż patelnię z powrotem do piekarnika i piecz przez 5 minut. Białka powinny się zestalić, a żółtka powinny pozostać płynne. Pozostawić do ostygnięcia na 5 minut, a następnie skropić oliwą z oliwek, posypać solą i podawać.

3. Shakshuka

Daje: 2 DO 4

SKŁADNIKI

- 2 łyżki oliwy z oliwek
- 2 łyżki Pilpelchumy lub harissy (kupnej lub zobacz przepis)
- 2 łyżki koncentratu pomidorowego
- 2 duże czerwone papryki, pokrojone w 0,5 cm kostkę (w sumie 2 szklanki / 300 g)
- 4 ząbki czosnku, drobno posiekane
- 1 łyżeczka mielonego kminku
- 5 dużych, bardzo dojrzałych pomidorów, posiekanych (w sumie 5 szklanek / 800 g); konserwowe też są w porządku
- 4 duże jaja z wolnego wybiegu i 4 żółtka
- ½ szklanki / 120 g labneh (kupionego w sklepie lub zobacz przepis) lub gęstego jogurtu
- sól

INSTRUKCJE

a) Na dużej patelni rozgrzej oliwę z oliwek na średnim ogniu i dodaj pilpelchumę lub harissę, koncentrat pomidorowy, paprykę, czosnek, kminek i ¾ łyżeczki soli. Mieszaj i smaż na średnim ogniu przez około 8 minut, aż papryka zmięknie. Dodać pomidory, doprowadzić do delikatnego wrzenia i gotować przez kolejne 10 minut, aż sos będzie dość gęsty. Smak dla przypraw.

b) Zrób 8 małych dipów w sosie. Delikatnie rozbij jajka i ostrożnie wlej każde do własnego dipu. To samo zrób z żółtkami. Za pomocą widelca wymieszaj białka z sosem, uważając, aby nie uszkodzić żółtek. Gotuj na wolnym ogniu przez 8 do 10 minut, aż białka się zetną, ale żółtka będą nadal płynne (jeśli chcesz przyspieszyć proces, możesz przykryć patelnię pokrywką).

c) Zdejmij z ognia, odczekaj kilka minut, a następnie rozłóż na osobne talerze i podawaj z labneh lub jogurtem.

4. Jajka Duszone Z Jagnięciną, Tahini I Sumakiem

Sprawia: 4

SKŁADNIKI
- 1 łyżka oliwy z oliwek
- 1 duża cebula, drobno posiekana (w sumie 1¼ szklanki / 200 g)
- 6 ząbków czosnku, pokrojonych w cienkie plasterki
- 300 g mielonej jagnięciny
- 2 łyżeczki sumaku i dodatkowo do wykończenia
- 1 łyżeczka mielonego kminku
- ½ szklanki / 50 g prażonych, niesolonych pistacji, pokruszonych
- 7 łyżek / 50 g prażonych orzeszków piniowych
- 2 łyżeczki pasty harissa (kupiona w sklepie lub zobacz przepis)
- 1 łyżka drobno posiekanej konserwowanej skórki cytrynowej (kupiona w sklepie lub zobacz przepis)
- 1⅓ szklanki / 200 g pomidorków koktajlowych
- ½ szklanki / 120 ml bulionu z kurczaka
- 4 duże jaja z wolnego wybiegu
- ¼ szklanki / 5 g marynowanych liści kolendry lub 1 łyżka Zhoug
- sól i świeżo zmielony czarny pieprz

SOS JOGURTOWY
- ½ szklanki / 100 g jogurtu greckiego
- 1½ łyżki / 25 g pasty tahini
- 2 łyżki świeżo wyciśniętego soku z cytryny
- 1 łyżka wody

INSTRUKCJE

a) Rozgrzej oliwę z oliwek na średnim ogniu na średniej patelni o grubym dnie, do której masz szczelnie przylegającą pokrywkę. Dodaj cebulę i czosnek i smaż przez 6 minut, aby zmiękły i lekko się zarumieniły. Podnieś ogień do wysokiego, dodaj jagnięcinę i dobrze zrumienij, 5 do 6 minut. Dopraw sumakiem, kminkiem, ¾ łyżeczki soli i odrobiną czarnego pieprzu i gotuj przez kolejną minutę. Wyłącz ogień, dodaj orzechy, harissę i konserwowaną cytrynę i odłóż na bok.

b) Podczas smażenia cebuli podgrzej na dużym ogniu oddzielną małą żeliwną lub inną ciężką patelnię. Gdy będą gorące, dodaj pomidorki cherry i zwęglaj przez 4 do 6 minut, od czasu do czasu wrzucając je na patelnię, aż lekko zbrązowieją na zewnątrz. Odłożyć na bok.

c) Przygotowujemy sos jogurtowy mieszając wszystkie składniki ze szczyptą soli. Musi być gęste i treściwe, ale jeśli będzie sztywne, może zajść potrzeba dodania odrobiny wody.

d) Mięso, pomidory i sos można na tym etapie pozostawić na maksymalnie godzinę. Gdy będziesz gotowy do podania, podgrzej mięso, dodaj bulion z kurczaka i zagotuj. W mieszance zrób 4 małe dołki i do każdego wbij jajko. Przykryj patelnię i smaż jajka na małym ogniu przez 3 minuty. Na wierzchu ułóż pomidory, unikając żółtek, ponownie przykryj i gotuj przez 5 minut, aż białka się zetną, ale żółtka będą nadal płynne.

e) Zdejmij z ognia i posmaruj porcjami sosu jogurtowego, posyp sumakiem i wykończ kolendrą. Podawać na raz.

PRZYSTAWKI

5. Podstawowy hummus

Sprawia: 6

SKŁADNIKI
- 1¼ szklanki / 250 g suszonej ciecierzycy
- 1 łyżeczka sody oczyszczonej
- 6½ szklanki / 1,5 litra wody
- 1 szklanka plus 2 łyżki / 270 g jasnej pasty tahini
- 4 łyżki świeżo wyciśniętego soku z cytryny
- 4 ząbki czosnku, zmiażdżone
- 6½ łyżki / 100 ml lodowatej wody
- sól

INSTRUKCJE

a) Dzień wcześniej włóż ciecierzycę do dużej miski i zalej zimną wodą w ilości co najmniej dwukrotnie większej niż jej objętość. Pozostawić do namoczenia na noc.

b) Następnego dnia odcedź ciecierzycę. Postaw średni rondelek na dużym ogniu i dodaj odsączoną ciecierzycę oraz sodę oczyszczoną. Gotuj około 3 minut, ciągle mieszając. Dodać wodę i doprowadzić do wrzenia. Gotuj, usuwając pianę i skórki, które wypłyną na powierzchnię. Ciecierzycę należy gotować od 20 do 40 minut, w zależności od rodzaju i świeżości, a czasem nawet dłużej. Gotowe powinny być bardzo delikatne, łatwo pękać po naciśnięciu kciukiem i palcem, prawie, ale nie całkiem, papkowate.

c) Odcedź ciecierzycę. Powinieneś teraz otrzymać około 3⅔ filiżanki / 600 g. Umieść ciecierzycę w robocie kuchennym i miksuj, aż uzyskasz sztywną pastę. Następnie, nie wyłączając urządzenia, dodaj pastę tahini, sok z cytryny, czosnek i 1 ½ łyżeczki soli. Na koniec powoli wlewaj lodowatą wodę i mieszaj przez około 5 minut, aż uzyskasz bardzo gładką i kremową pastę.

d) Przełóż hummus do miski, przykryj powierzchnię folią i odstaw na co najmniej 30 minut. Jeśli nie użyjesz od razu, przechowuj w lodówce do momentu użycia. Pamiętaj, aby wyjąć go z lodówki co najmniej 30 minut przed podaniem.

6. Hummus Kawarma (Jagnięcina) Z Sosem Cytrynowym

Sprawia: 6

SKŁADNIKI
KAWARMA
- 300 g filetu z szyi jagnięcej, drobno posiekanego ręcznie
- ¼ łyżeczki świeżo zmielonego czarnego pieprzu
- ¼ łyżeczki świeżo zmielonego białego pieprzu
- 1 łyżeczka mielonego ziela angielskiego
- ½ łyżeczki mielonego cynamonu
- dobra szczypta świeżo startej gałki muszkatołowej
- 1 łyżeczka pokruszonych, suszonych liści za'ataru lub oregano
- 1 łyżka białego octu winnego
- 1 łyżka posiekanej mięty
- 1 łyżka posiekanej natki pietruszki płaskolistnej
- 1 łyżeczka soli
- 1 łyżka niesolonego masła lub ghee
- 1 łyżeczka oliwy z oliwek

SOS CYTRYNOWY
- ⅓ oz / 10 g pietruszki płaskolistnej, drobno posiekanej
- 1 zielone chili, drobno posiekane
- 4 łyżki świeżo wyciśniętego soku z cytryny
- 2 łyżki białego octu winnego
- 2 ząbki czosnku, zmiażdżone
- ¼ łyżeczki soli

INSTRUKCJE

a) Aby przygotować kawarmę, umieść wszystkie składniki oprócz masła lub ghee i oleju w średniej misce. Dobrze wymieszaj, przykryj i pozostaw mieszaninę do marynowania w lodówce na 30 minut.

b) Tuż przed przygotowaniem mięsa umieść wszystkie składniki na sos cytrynowy w małej misce i dobrze wymieszaj.

c) Rozgrzej masło lub ghee i oliwę z oliwek na dużej patelni na średnim ogniu. Dodaj mięso w dwóch lub trzech partiach i mieszaj, smażąc każdą partię przez 2 minuty. Mięso powinno być jasnoróżowe w środku.

d) Rozłóż hummus do 6 pojedynczych, płytkich misek, pozostawiając w środku każdej niewielkie wgłębienie. Do zagłębienia włóż ciepłą kawarmę i posyp pozostałą ciecierzycą.

e) Skropić obficie sosem cytrynowym i udekorować natką pietruszki i orzeszkami piniowymi.

7. Cegła

Sprawia: 2
SKŁADNIKI
- ok. 1 szklanka/250 ml oleju słonecznikowego
- 2 krążki ciasta feuilles de ceglanego o średnicy od 10 do 12 cali / 25 do 30 cm
- 3 łyżki posiekanej natki pietruszki płaskolistnej
- 1 ½ łyżki posiekanej zielonej cebuli, zarówno zielonej, jak i białej części
- 2 duże jajka z wolnego wybiegu
- sól i świeżo zmielony czarny pieprz

INSTRUKCJE

a) Wlać olej słonecznikowy do średniego rondla; powinno sięgać około 2 cm do boków patelni. Postaw na średnim ogniu i poczekaj, aż olej będzie gorący. Nie chcesz, żeby było za gorąco, bo ciasto przypali się, zanim jajko zostanie ugotowane; maleńkie bąbelki zaczną wypływać na powierzchnię, gdy osiągnie odpowiednią temperaturę.

b) Umieść jeden z krążków ciasta w płytkiej misce. (Możesz użyć większego kawałka, jeśli nie chcesz marnować dużo ciasta i wypełnić go większą ilością.) Musisz pracować szybko, aby ciasto nie wyschło i nie stało się sztywne. Połóż połowę natki pietruszki na środku koła i posyp połową zielonej cebuli. Stwórz małe gniazdko, w którym będzie można umieścić jajko, a następnie ostrożnie wbij jajko do gniazda. Posyp obficie solą i pieprzem i złóż boki ciasta, tworząc paczkę. Cztery fałdy będą zachodzić na siebie, tak że jajko będzie całkowicie zamknięte. Nie możesz zlepić ciasta, ale schludne złożenie powinno utrzymać jajko w środku.

c) Ostrożnie odwróć paczkę i delikatnie umieść ją w oleju, uszczelką do dołu. Smaż przez 60 do 90 sekund z każdej strony, aż ciasto będzie złotobrązowe. Białko powinno się zestalić, a żółtko pozostać płynne. Usmażoną paczkę wyjmij z oleju i umieść pomiędzy ręcznikami papierowymi, aby wchłonąć nadmiar oleju. Utrzymuj ciepło podczas pieczenia drugiego ciasta. Podawaj obie porcje na raz.

8. **Sfiha lub Lahm Bi'ajeen**

Na około 14 ciastek

BYCZY

SKŁADNIKI
- 250 g mielonej jagnięciny
- 1 duża cebula, drobno posiekana (1 czubata szklanka / łącznie 180 g)
- 2 średnie pomidory, drobno posiekane (1½ szklanki / 250 g)
- 3 łyżki jasnej pasty tahini
- 1¼ łyżeczki soli
- 1 łyżeczka mielonego cynamonu
- 1 łyżeczka mielonego ziela angielskiego
- ⅛ łyżeczki pieprzu cayenne
- 25 g posiekanej natki pietruszki płaskolistnej
- 1 łyżka świeżo wyciśniętego soku z cytryny
- 1 łyżka melasy z granatów
- 1 łyżka sumaku
- 3 łyżki / 25 g orzeszków piniowych
- 2 cytryny, pokrojone w ósemki

CIASTO
- 1⅔ szklanki / 230 g mąki chlebowej
- 1 ½ łyżki mleka w proszku
- ½ łyżki soli
- 1 ½ łyżeczki szybko rosnących aktywnych suszonych drożdży
- ½ łyżeczki proszku do pieczenia
- 1 łyżka cukru
- ½ szklanki / 125 ml oleju słonecznikowego
- 1 duże jajko z wolnego wybiegu
- ½ szklanki / 110 ml letniej wody
- oliwa z oliwek, do posmarowania

INSTRUKCJE

a) Zacznij od ciasta. Do dużej miski wsyp mąkę, mleko w proszku, sól, drożdże, proszek do pieczenia i cukier. Dobrze wymieszaj, a następnie zrób wgłębienie na środku. Do wgłębienia włóż olej słonecznikowy i jajko, a następnie wymieszaj, dodając wodę. Gdy ciasto się połączy, przenieś je na stolnicę i ugniataj przez 3 minuty, aż ciasto będzie elastyczne i jednolite. Przełóż do miski, posmaruj oliwą, przykryj ręcznikiem w ciepłym miejscu i odstaw na 1 godzinę, po czym ciasto powinno już trochę wyrosnąć.

b) W osobnej misce wymieszaj rękami wszystkie składniki polewy z wyjątkiem orzeszków piniowych i ćwiartek cytryny. Odłożyć na bok.

c) Rozgrzej piekarnik do 230°C/450°F. Dużą blachę do pieczenia wyłóż papierem pergaminowym.

d) Podzielić wyrośnięte ciasto na kulki o masie 2 uncji / 50 g; powinno być ich około 14. Rozwałkuj każdą kulkę na okrąg o średnicy około 12 cm i grubości ⅙ cala / 2 mm. Każde kółko posmaruj delikatnie z obu stron oliwą z oliwek i ułóż na blasze do pieczenia. Przykryj i odstaw do wyrośnięcia na 15 minut.

e) Łyżką rozdziel nadzienie pomiędzy ciasta i rozprowadź jc równomiernie tak, aby całkowicie przykryło ciasto. Posypać orzeszkami piniowymi. Odstawić do wyrośnięcia na kolejne 15 minut, następnie wstawić do piekarnika na około 15 minut, aż będzie ugotowane. Chcesz mieć pewność, że ciasto jest po prostu upieczone, a nie przepieczone; polewa powinna być lekko różowa w środku, a ciasto złociste od spodu. Wyjmij z piekarnika i podawaj na ciepło lub w temperaturze pokojowej z cząstkami cytryny.

9. Falafel

Na: OKOŁO 20 PIŁEK

SKŁADNIKI
- 1¼ szklanki / 250 g suszonej ciecierzycy
- ½ średniej cebuli, drobno posiekanej (½ szklanki / łącznie 80 g)
- 1 ząbek czosnku, zmiażdżony
- 1 łyżka drobno posiekanej natki pietruszki płaskolistnej
- 2 łyżki drobno posiekanej kolendry
- ¼ łyżeczki pieprzu cayenne
- ½ łyżeczki mielonego kminku
- ½ łyżeczki mielonej kolendry
- ¼ łyżeczki mielonego kardamonu
- ½ łyżeczki proszku do pieczenia
- 3 łyżki wody
- 1 ½ łyżki mąki uniwersalnej
- około 3 szklanek / 750 ml oleju słonecznikowego do głębokiego smażenia
- ½ łyżeczki nasion sezamu do panierowania
- sól

INSTRUKCJE

a) Ciecierzycę włóż do dużej miski i zalej zimną wodą w ilości co najmniej dwukrotnie większej niż jej objętość. Odstawić do namoczenia na noc.

b) Następnego dnia dobrze odsącz ciecierzycę i połącz ją z cebulą, czosnkiem, natką pietruszki i kolendrą. Aby uzyskać najlepsze rezultaty, do następnej części użyj maszynki do mięsa. Włóż mieszaninę ciecierzycy przez maszynę, ustaw ją na najlepsze ustawienie, a następnie przepuść ją przez maszynę po raz drugi. Jeśli nie masz maszynki do mielenia mięsa, użyj robota kuchennego. Miksuj partiami, pulsując przez 30 do 40 sekund, aż będzie drobno posiekany, ale nie papkowaty ani pastowaty i nie będzie się kleił. Po wymieszaniu dodać przyprawy, proszek do pieczenia, ¾ łyżeczki soli, mąkę i wodę. Dobrze wymieszaj ręcznie, aż będzie gładka i jednolita. Przykryj mieszaninę i pozostaw w lodówce na co najmniej 1 godzinę lub do momentu użycia.

c) Napełnij głęboki, średni rondelek o grubym dnie wystarczającą ilością oleju, aby sięgał 7 cm do boków patelni. Rozgrzej olej do 180°C.

d) Mokrymi dłońmi rozetrzyj w dłoniach 1 łyżkę mieszanki tak, aby uformować pasztecik lub kulkę wielkości małego orzecha włoskiego, około 25 g (możesz też użyć do tego miarki do lodów).

e) Posyp kulki równomiernie nasionami sezamu i smaż je partiami w głębokim tłuszczu przez 4 minuty, aż będą dobrze rumiane i ugotowane. Ważne jest, aby naprawdę wyschły w środku, dlatego należy zadbać o to, aby miały odpowiednią ilość czasu w oleju. Odcedź na durszlaku wyłożonym papierowymi ręcznikami i od razu podawaj.

10. A'ja (placki chlebowe)

Na około 8 placków

SKŁADNIKI
- 4 kromki białego chleba, bez skórki (w sumie 80 g)
- 4 bardzo duże jaja z wolnego wybiegu
- 1 ½ łyżeczki mielonego kminku
- ½ łyżeczki słodkiej papryki
- ¼ łyżeczki pieprzu cayenne
- 25 g szczypiorku, posiekanego
- 25 g posiekanej natki pietruszki płaskolistnej
- ⅓ uncji / 10 g posiekanego estragonu
- 40 g sera feta, pokruszonego
- olej słonecznikowy do smażenia
- sól i świeżo zmielony czarny pieprz

INSTRUKCJE

a) Chleb namoczyć w dużej ilości zimnej wody przez 1 minutę, następnie dobrze wycisnąć.

b) Namoczony chleb pokruszyć do średniej miski, dodać jajka, przyprawy, ½ łyżeczki soli i ¼ łyżeczki pieprzu i dobrze wymieszać. Wymieszaj posiekane zioła i fetę.

c) Rozgrzej 1 łyżkę oleju na średniej patelni na średnim ogniu. Nałóż około 3 łyżki mieszanki na środek patelni na każdy placek i spłaszcz go za pomocą spodniej strony łyżki; placki powinny mieć grubość od ¾ do 1¼ cala / 2 do 3 cm. Smaż placuszki po 2–3 minuty z każdej strony, aż uzyskają złoty kolor. Powtórz z pozostałym ciastem. Powinno wyjść około 8 placków.

d) Alternatywnie możesz usmażyć całe ciasto na raz, tak jak duży omlet. Pokrój i podawaj na ciepło lub w temperaturze pokojowej.

11. Placki z boćwiny szwajcarskiej

Sprawia: 4 JAKO STARTER

SKŁADNIKI
- 400 g liści boćwiny, bez białych łodyg
- 30 g pietruszki płaskolistnej
- ⅔ uncji / 20 g kolendry
- ⅔ uncji / 20 g koperku
- 1 ½ łyżeczki startej gałki muszkatołowej
- ½ łyżeczki cukru
- 3 łyżki mąki uniwersalnej
- 2 ząbki czosnku, zmiażdżone
- 2 duże jajka z wolnego wybiegu
- 80 g sera feta, podzielonego na małe kawałki
- 4 łyżki / 60 ml oliwy z oliwek
- 1 cytryna, pokrojona na 4 ćwiartki
- sól i świeżo zmielony czarny pieprz

INSTRUKCJE

a) W dużym rondlu zagotuj osoloną wodę, dodaj boćwinę i gotuj przez 5 minut. Odcedź liście i dobrze je wyciśnij, aż całkowicie wyschną. Umieść w robocie kuchennym razem z ziołami, gałką muszkatołową, cukrem, mąką, czosnkiem, jajkami, dużą ¼ łyżeczki soli i odrobiną czarnego pieprzu. Zmiksuj na gładką masę, a następnie ręcznie wymieszaj fetę z masą.

b) Na średnią patelnię wlać 1 łyżkę oleju. Umieścić na średnim ogniu i nakładać po czubatej łyżce mieszanki na każdy placek. Delikatnie dociśnij, aby uzyskać placek o szerokości 7 cm i grubości 1 cm. Jednorazowo powinno zmieścić się około 3 placków. Smaż placki w sumie przez 3 do 4 minut, obracając raz, aż nabiorą trochę koloru.

c) Przenieś na ręczniki papierowe, a następnie utrzymuj każdą porcję w cieple podczas gotowania pozostałej mieszanki, dodając pozostały olej w razie potrzeby. Podawać od razu z cząstkami cytryny.

12. Musabaha (ciecierzyca na ciepło z hummusem) i opiekana pita

Sprawia: 6

SKŁADNIKI
- 1¼ szklanki / 250 g suszonej ciecierzycy
- 1 łyżeczka sody oczyszczonej
- 1 łyżka mielonego kminku
- 4½ łyżki / 70 g jasnej pasty tahini
- 3 łyżki świeżo wyciśniętego soku z cytryny
- 1 ząbek czosnku, zmiażdżony
- 2 łyżki lodowatej wody
- 4 małe pity (w sumie 120 g)
- 2 łyżki oliwy z oliwek
- 2 łyżki posiekanej natki pietruszki płaskolistnej
- 1 łyżeczka słodkiej papryki
- sól i świeżo zmielony czarny pieprz

SOS TAHINI
- 5 łyżek / 75 g jasnej pasty tahini
- ¼ szklanki / 60 ml wody
- 1 łyżka świeżo wyciśniętego soku z cytryny
- ½ ząbka czosnku, zmiażdżonego

SOS CYTRYNOWY
- ⅓ oz / 10 g pietruszki płaskolistnej, drobno posiekanej
- 1 zielone chili, drobno posiekane
- 4 łyżki świeżo wyciśniętego soku z cytryny
- 2 łyżki białego octu winnego
- 2 ząbki czosnku, zmiażdżone
- ¼ łyżeczki soli

INSTRUKCJE

a) Postępuj zgodnie z podstawowym przepisem na hummus, dotyczącym metody moczenia i gotowania ciecierzycy, ale gotuj ją trochę mniej; powinny dawać pewien opór, ale nadal być w pełni ugotowane. Ugotowaną ciecierzycę odcedzić, zachowując

⅓ szklanki / 450 g) z pozostałą wodą z gotowania, kminkiem, ½ łyżeczki soli i ¼ łyżeczki pieprzu. Utrzymuj mieszaninę w cieple.
b) Umieść pozostałą ciecierzycę (1 szklanka / 150 g) w małym robocie kuchennym i miksuj, aż uzyskasz sztywną pastę. Następnie, nie wyłączając urządzenia, dodaj pastę tahini, sok z cytryny, czosnek i ½ łyżeczki soli. Na koniec powoli wlewaj lodowatą wodę i mieszaj przez około 3 minuty, aż uzyskasz bardzo gładką i kremową pastę. Odłóż hummus na bok.
c) W czasie gdy ciecierzyca się gotuje, można przygotować pozostałe elementy dania. Aby przygotować sos tahini, w małej misce umieść wszystkie składniki i szczyptę soli. Dobrze wymieszaj i w razie potrzeby dodaj trochę więcej wody, aby uzyskać konsystencję nieco rzadszą niż miód.
d) Następnie wymieszaj wszystkie składniki sosu cytrynowego i odłóż na bok.
e) Na koniec otwórz pitas, rozdzierając obie strony. Umieścić pod gorącym grillem na 2 minuty, aż będzie złociste i całkowicie suche. Odczekaj, aż ostygnie, zanim połamiesz je na kawałki o dziwnych kształtach.
f) Rozłóż hummus pomiędzy cztery osobne, płytkie miski; nie poziomuj go ani nie dociskaj, chcesz uzyskać wysokość. Połóż łyżkę na ciepłej ciecierzycy, a następnie sos tahini, sos cytrynowy i odrobinę oliwy z oliwek. Udekoruj natką pietruszki i posypką papryki i podawaj z prażonymi kawałkami pity.

13. Pigwa nadziewana jagnięciną z granatem i kolendrą

Sprawia: 4

SKŁADNIKI
- 400 g mielonej jagnięciny
- 1 ząbek czosnku, zmiażdżony
- 1 czerwone chili, posiekane
- ⅔ uncji / 20 g posiekanej kolendry plus 2 łyżki do dekoracji
- ½ szklanki / 50 g bułki tartej
- 1 łyżeczka mielonego ziela angielskiego
- 2 łyżki drobno startego świeżego imbiru
- 2 średnie cebule, drobno posiekane (w sumie 1⅓ szklanki / 220 g)
- 1 duże jajko z wolnego wybiegu
- 4 pigwy (łącznie 1,3 kg)
- sok z ½ cytryny plus 1 łyżka świeżo wyciśniętego soku z cytryny
- 3 łyżki oliwy z oliwek
- 8 strąków kardamonu
- 2 łyżeczki melasy z granatów
- 2 łyżeczki cukru
- 2 szklanki / 500 ml bulionu z kurczaka
- nasiona ½ granatu
- sól i świeżo zmielony czarny pieprz

INSTRUKCJE

a) Do miski włóż jagnięcinę, dodaj czosnek, chili, kolendrę, bułkę tartą, ziele angielskie, połowę imbiru, połowę cebuli, jajko, ¾ łyżeczki soli i odrobinę pieprzu. Dobrze wymieszaj rękami i odłóż na bok.

b) Obierz pigwę i przekrój ją wzdłuż na pół. Włóż je do miski z zimną wodą i sokiem z ½ cytryny, aby nie zbrązowiały. Za pomocą wyciskarki do melonów lub małej łyżki usuń nasiona, a następnie wydrąż połówki pigwy, tak aby pozostała skorupa o średnicy 1,5 cm/⅔ cala. Zachowaj wydrążony miąższ. Wypełnij zagłębienia mieszanką jagnięcą, dociskając ją rękoma.

c) Na dużej patelni, do której masz pokrywkę, rozgrzej oliwę z oliwek. Umieść zarezerwowany miąższ pigwy w robocie kuchennym, zmiksuj, aby dobrze posiekać, a następnie przenieś mieszaninę na patelnię wraz z pozostałą cebulą, imbirem i strąkami kardamonu. Smaż przez 10 do 12 minut, aż cebula zmięknie. Dodaj melasę, 1 łyżkę soku z cytryny, cukier, bulion, ½ łyżeczki soli i trochę czarnego pieprzu i dobrze wymieszaj. Do sosu dodać połówki pigwy, farszem mięsnym do góry, zmniejszyć ogień do delikatnego wrzenia, przykryć patelnię i gotować około 30 minut. Na koniec pigwa powinna być całkowicie miękka, mięso dobrze ugotowane, a sos gęsty. Podnieś pokrywkę i gotuj na wolnym ogniu przez minutę lub dwie, aby w razie potrzeby zredukować sos.

d) Podawać na ciepło lub w temperaturze pokojowej, posypane kolendrą i pestkami granatu.

14. Latkesa

Daje: 12 LATKES

SKŁADNIKI
- 5½ szklanki / 600 g obranych i startych dość woskowych ziemniaków, takich jak Yukon Gold
- 2¾ szklanki / 300 g obranego i startego pasternaku
- ⅔ szklanki / 30 g szczypiorku, drobno posiekanego
- 4 białka jaj
- 2 łyżki skrobi kukurydzianej
- 5 łyżek / 80 g niesolonego masła
- 6½ łyżki / 100 ml oleju słonecznikowego
- sól i świeżo zmielony czarny pieprz
- śmietana, do podania

INSTRUKCJE
a) Opłucz ziemniaka w dużej misce z zimną wodą. Odcedzić na durszlaku, odcisnąć nadmiar wody, a następnie rozłożyć ziemniaka na czystym ręczniku kuchennym do całkowitego wyschnięcia.
b) W dużej misce wymieszaj ziemniaki, pasternak, szczypiorek, białka jaj, skrobię kukurydzianą, 1 łyżeczkę soli i dużą ilość czarnego pieprzu.
c)
d) Rozgrzej połowę masła i połowę oleju na dużej patelni na średnim ogniu. Używaj rąk, aby wybrać porcje z około 2 łyżek mieszanki latke, mocno ściśnij, aby usunąć część płynu i uformuj cienkie kotleciki o grubości około 3/8 cala / 1 cm i średnicy 3 ¼ cala / 8 cm. Ostrożnie umieść na patelni tyle latków, ile możesz wygodnie zmieścić, delikatnie je dociśnij i wypoziomuj grzbietem łyżki. Smażymy na średnim ogniu po 3 minuty z każdej strony. Lakes muszą być całkowicie brązowe z zewnątrz. Usmażone latkes wyjmij z oleju, połóż na ręcznikach papierowych i trzymaj w cieple podczas smażenia reszty. W razie potrzeby dodać pozostałe masło i olej. Podawać od razu ze śmietaną.

15. „Ciasto" z rzepy i cielęciny

Sprawia: 4

SKŁADNIKI
- 1⅔ szklanki / 300 g ryżu basmati
- 400 g mielonej cielęciny, jagnięciny lub wołowiny
- ½ szklanki / 30 g posiekanej natki pietruszki płaskolistnej
- 1 ½ łyżeczki mieszanki przypraw Baharat (kupiona w sklepie lub zobacz przepis)
- ½ łyżeczki mielonego cynamonu
- ½ łyżeczki płatków chili
- 2 łyżki oliwy z oliwek
- 10 do 15 średnich rzep (łącznie 1,5 kg)
- około 1⅔ szklanki / 400 ml oleju słonecznikowego
- 2 szklanki / 300 g posiekanych pomidorów z puszki wystarczą
- 1 ½ łyżki pasty z tamaryndowca
- ¾ szklanki plus 2 łyżki / 200 ml bulionu z kurczaka, gorącego
- 1 szklanka / 250 ml wody
- 1 ½ łyżki drobnego cukru
- 2 gałązki tymianku, zerwane liście
- sól i świeżo zmielony czarny pieprz

INSTRUKCJE

a) Ryż umyj i dobrze odsącz. Umieść w dużej misce i dodaj mięso, pietruszkę, baharat, cynamon, 2 łyżeczki soli, ½ łyżeczki pieprzu, chili i oliwę z oliwek. Dobrze wymieszaj i odłóż na bok.

b) Obierz rzepy i pokrój je w plasterki o grubości ⅜ cala / 1 cm. Na średnim ogniu rozgrzej wystarczającą ilość oleju słonecznikowego, aby sięgał 2 cm do boków dużej patelni. Smaż plastry rzepy partiami przez 3 do 4 minut na partię, aż będą złociste. Przełożyć na talerz wyłożony papierowymi ręcznikami, posypać odrobiną soli i pozostawić do ostygnięcia.

c) Do dużej miski włóż pomidory, tamaryndowiec, bulion, wodę, cukier, 1 łyżeczkę soli i ½ łyżeczki pieprzu. Dobrze ubij. Wlej około jednej trzeciej tego płynu do średniego rondla o grubym dnie (o średnicy 24 cm/9½ cala). W środku ułóż jedną trzecią plasterków rzepy. Dodaj połowę mieszanki ryżowej i wypoziomuj. Ułożyć kolejną warstwę rzepy, a następnie drugą połowę ryżu. Zakończ ostatnią rzepą, delikatnie dociskając dłońmi. Pozostałym płynem pomidorowym polej warstwy rzepy i ryżu i posyp tymiankiem. Delikatnie zsuń szpatułkę po bokach garnka, aby sok spłynął na dno.

d) Postawić na średnim ogniu i doprowadzić do wrzenia. Zmniejsz ogień do absolutnego minimum, przykryj i gotuj na wolnym ogniu przez 1 godzinę. Zdejmij z ognia, odkryj i odstaw na 10 do 15 minut przed podaniem. Niestety nie da się przełożyć ciasta na talerz, gdyż nie trzyma ono kształtu i trzeba je nabierać łyżką.

16. Faszerowana cebula

Na około 16 nadziewanych cebuli

SKŁADNIKI
- 4 duże cebule (łącznie 900 g, po obraniu) około 1⅔ szklanki / 400 ml bulionu warzywnego
- 1 ½ łyżki melasy z granatów
- sól i świeżo zmielony czarny pieprz
- NADZIEWANIE
- 1 ½ łyżki oliwy z oliwek
- 1 szklanka / 150 g drobno posiekanej szalotki
- ½ szklanki / 100 g ryżu krótkoziarnistego
- ¼ szklanki / 35 g orzeszków piniowych, zmiażdżonych
- 2 łyżki posiekanej świeżej mięty
- 2 łyżki posiekanej natki pietruszki płaskolistnej
- 2 łyżeczki suszonej mięty
- 1 łyżeczka mielonego kminku
- ⅛ łyżeczki mielonych goździków
- ¼ łyżeczki zmielonego ziela angielskiego
- ¾ łyżeczki soli
- ½ łyżeczki świeżo zmielonego czarnego pieprzu
- 4 ćwiartki cytryny (opcjonalnie)

INSTRUKCJE
a) Obierz i odetnij około 0,5 cm wierzchołka i ogona cebuli, umieść pokrojone cebule w dużym rondlu z dużą ilością wody, zagotuj i gotuj przez 15 minut. Odcedzić i odstawić do ostygnięcia.
b) Aby przygotować farsz, rozgrzej oliwę z oliwek na średniej patelni na średnim ogniu i dodaj szalotkę. Smażyć przez 8 minut, często mieszając, następnie dodać wszystkie pozostałe składniki oprócz ćwiartek cytryny. Zmniejsz ogień do małego i kontynuuj gotowanie i mieszanie przez 10 minut.
c) Małym nożem wykonaj długie nacięcie od góry cebuli do dołu, aż do jej środka, tak aby każda warstwa cebuli miała tylko

jedno nacięcie. Zacznij delikatnie oddzielać warstwy cebuli, jedna po drugiej, aż dotrzesz do rdzenia. Nie martw się, jeśli któraś z warstw lekko przebije się przez peeling; nadal możesz z nich korzystać.

d) Trzymaj warstwę cebuli w jednej złożonej dłoni i włóż około 1 łyżkę stołową mieszanki ryżowej do połowy cebuli, umieszczając nadzienie blisko jednego końca otworu. Nie ulegaj pokusie, aby wypełnić go bardziej, ponieważ musi być ładnie i ciasno zapakowany. Złóż pustą stronę cebuli na stronę nadziewaną i zwiń ją ciasno, tak aby ryż był pokryty kilkoma warstwami cebuli bez powietrza w środku. Umieścić na średniej patelni z pokrywką, łączeniem do dołu i kontynuować z pozostałą mieszanką cebuli i ryżu. Cebule układamy na patelni obok siebie, tak aby nie było miejsca na poruszanie się. Wypełnij puste przestrzenie kawałkami cebuli, które nie zostały nadziewane. Dodaj wystarczającą ilość bulionu, aby cebula była przykryta w trzech czwartych, wraz z melasą z granatów i dopraw ¼ łyżeczki soli.

e) Przykryj patelnię i gotuj na najniższym możliwym ogniu przez 1,5 do 2 godzin, aż płyn odparuje. Podawać na ciepło lub w temperaturze pokojowej, z cząstkami cytryny, jeśli lubisz.

17. Otwórz Kibbeh

Sprawia: 6

SKŁADNIKI
- 1 szklanka / 125 g drobnej pszenicy bulgur
- 1 szklanka / 200 ml wody
- 6 łyżek / 90 ml oliwy z oliwek
- 2 ząbki czosnku, zmiażdżone
- 2 średnie cebule, drobno posiekane
- 1 zielone chili, drobno posiekane
- 350 g mielonej jagnięciny
- 1 łyżeczka mielonego ziela angielskiego
- 1 łyżeczka mielonego cynamonu
- 1 łyżeczka mielonej kolendry
- 2 łyżki grubo posiekanej kolendry
- ½ szklanki / 60 g orzeszków piniowych
- 3 łyżki grubo posiekanej natki pietruszki płaskolistnej
- 2 łyżki mąki samorosnącej, plus trochę więcej w razie potrzeby
- 3½ łyżki / 50 g jasnej pasty tahini
- 2 łyżeczki świeżo wyciśniętego soku z cytryny
- 1 łyżeczka sumaku
- sól i świeżo zmielony czarny pieprz

INSTRUKCJE

a) Rozgrzej piekarnik do 200°C/400°F. Wyłóż tortownicę o średnicy 20 cm woskowanym papierem.

b) Bulgur włóż do dużej miski i zalej wodą. Pozostaw na 30 minut.

c) W międzyczasie rozgrzej 4 łyżki oliwy z oliwek na dużej patelni na średnim ogniu. Smaż czosnek, cebulę i chili, aż będą całkowicie miękkie. Zdejmij wszystko z patelni, postaw ponownie na dużym ogniu i dodaj jagnięcinę. Smaż przez 5 minut, ciągle mieszając, aż uzyskasz brązowy kolor.

d) Włóż mieszaninę cebuli na patelnię i dodaj przyprawy, kolendrę, ½ łyżeczki soli, obficie zmielony czarny pieprz oraz większość orzeszków piniowych i pietruszki, pozostawiając trochę na boku. Gotuj przez kilka minut, zdejmij z ognia, posmakuj i dopraw do smaku.

e) Sprawdź, czy bulgur wchłonął całą wodę. Odcedź, aby usunąć pozostały płyn. Dodaj mąkę, 1 łyżkę oliwy z oliwek, ¼ łyżeczki soli i szczyptę czarnego pieprzu i zagniataj wszystko rękami na elastyczną masę, która dobrze się trzyma; jeśli masa jest bardzo lepka, dodaj trochę więcej mąki. Mocno dociśnij spód tortownicy, aby była ubita i wypoziomowana. Na wierzchu równomiernie rozsmaruj mieszankę jagnięcą i lekko ją dociśnij. Piec około 20 minut, aż mięso będzie dość ciemnobrązowe i bardzo gorące.

f) W oczekiwaniu wymieszaj pastę tahini z sokiem z cytryny, 3½ łyżki / 50 ml wody i szczyptą soli. Oczekujesz bardzo gęstego, a jednocześnie lejącego sosu. W razie potrzeby dodaj trochę dodatkowej wody.

g) Wyjmij ciasto kibbeh z piekarnika, równomiernie rozsmaruj sos tahini na wierzchu, posyp zarezerwowanymi orzeszkami pinii i posiekaną natką pietruszki i natychmiast włóż ponownie do piekarnika. Piec przez 10 do 12 minut, aż tahini stwardnieje i nabierze nieco koloru, a orzeszki piniowe będą złociste.

h) Wyjmij z piekarnika i pozostaw do ostygnięcia, aż będzie ciepłe lub do temperatury pokojowej. Przed podaniem posyp wierzch sumakiem i skrop pozostałą oliwą. Ostrożnie zdejmij boki patelni i pokrój kibbeh w plasterki. Podnieś je delikatnie, aby się nie połamały.

18. Siekana wątróbka

Sprawia: 4 DO 6

SKŁADNIKI
- 6½ łyżki / 100 ml roztopionego tłuszczu gęsiego lub kaczego
- 2 duże cebule, pokrojone w plasterki (w sumie około 3 filiżanek / 400 g)
- 400 g wątróbek drobiowych, oczyszczonych i podzielonych na kawałki o wielkości około 1¼ cala / 3 cm
- 5 bardzo dużych jaj z wolnego wybiegu, ugotowanych na twardo
- 4 łyżki wina deserowego
- 1 łyżeczka soli
- ½ łyżeczki świeżo zmielonego czarnego pieprzu
- 2 do 3 zielonych cebul, pokrojonych w cienkie plasterki
- 1 łyżka posiekanego szczypiorku

INSTRUKCJE

a) Umieść dwie trzecie gęsiego tłuszczu na dużej patelni i smaż cebulę na średnim ogniu przez 10 do 15 minut, mieszając od czasu do czasu, aż uzyska ciemnobrązowy kolor. Zdejmij cebulę z patelni, lekko ją przy tym dociskając, tak aby na patelni została trochę tłuszczu. W razie potrzeby dodać odrobinę tłuszczu. Dodaj wątróbki i smaż je przez maksymalnie 10 minut, mieszając od czasu do czasu, aż będą odpowiednio ugotowane w środku – na tym etapie nie powinna wypływać krew.

b) Przed posiekaniem wątróbek wymieszaj je z cebulą. Najlepiej to zrobić za pomocą maszynki do mięsa i dwukrotnie przerobić mieszaninę, aby uzyskać odpowiednią konsystencję. Jeśli nie masz maszynki do mielenia mięsa, robot kuchenny również będzie w porządku. Zmiksuj cebulę i wątrobę w dwóch lub trzech partiach, tak aby miska maszyny nie była zbyt pełna. Pulsuj przez 20 do 30 sekund, a następnie sprawdź, czy wątroba i cebula zamieniły się w jednolitą, ale wciąż „wyboistą" pastę. Wszystko przełożyć do dużej miski do miksowania.

c) Obierz jajka, następnie dwa z nich zetrzyj na grubej tarce, a dwa kolejne na drobnej tarce i dodaj do mieszanki wątrobowej. Dodać pozostały tłuszcz, wino deserowe, sól i pieprz i delikatnie wszystko wymieszać. Przenieść mieszaninę do niemetalowego płaskiego naczynia i szczelnie przykryć powierzchnię folią. Pozostawić do ostygnięcia, a następnie włożyć do lodówki na co najmniej 2 godziny, aby lekko stwardniało.

d) Przed podaniem drobno posiekaj pozostałe jajko. Rozłóż posiekaną wątróbkę na poszczególnych talerzach, udekoruj posiekanym jajkiem i posyp zieloną cebulą i szczypiorkiem.

19. Kubbeh hamusta

Sprawia: 6

SKŁADNIKI
NADZIENIE KUBBEH
- 1 ½ łyżki oleju słonecznikowego
- ½ średniej cebuli, bardzo drobno posiekanej (½ szklanki / łącznie 75 g)
- 350 g mielonej wołowiny
- ½ łyżeczki mielonego ziela angielskiego
- 1 duży ząbek czosnku, zmiażdżony
- 2 jasne łodygi selera, bardzo drobno posiekane lub taka sama ilość posiekanych liści selera (w sumie ½ szklanki / 60 g)
- sól i świeżo zmielony czarny pieprz
- PRZYPADKI KUBBEH
- 2 szklanki / 325 g semoliny
- 5 łyżek / 40 g mąki uniwersalnej
- 1 szklanka / 220 ml gorącej wody
- ZUPA
- 4 ząbki czosnku, zmiażdżone
- 5 łodyg selera, obranych liści i pokrojonych pod kątem na 1,5 cm plasterki (w sumie 2 szklanki / 230 g)
- 300 g liści boćwiny, tylko zielona część, pokrojonych w 2-centymetrowe paski
- 2 łyżki oleju słonecznikowego
- 1 duża cebula, grubo posiekana (w sumie 1¼ szklanki / 200 g)
- 2 kwarty / 2 litry bulionu z kurczaka
- 1 duża cukinia, pokrojona w 1 cm kostkę (1⅔ kubka / łącznie 200 g)
- 6½ łyżki / 100 ml świeżo wyciśniętego soku z cytryny, plus dodatkowa ilość w razie potrzeby
- ćwiartki cytryny do podania

INSTRUKCJE
a) Najpierw przygotuj farsz mięsny. Na średniej patelni rozgrzej olej, dodaj cebulę. Gotuj na średnim ogniu, aż będzie przezroczysty, około 5 minut. Dodaj wołowinę, ziele angielskie, ¾ łyżeczki soli i dobrze zmielony czarny pieprz i mieszaj, smażąc przez 3 minuty, aż się zrumieni. Zmniejsz ogień do średniego i pozwól, aby mięso gotowało się powoli przez około 20 minut, aż do całkowitego wyschnięcia, od czasu do czasu mieszając. Na koniec dodać czosnek i seler, smażyć kolejne 3 minuty i zdjąć z ognia. Posmakuj i dopraw do smaku. Pozwól ostygnąć.
b) Podczas gotowania mieszanki wołowej przygotuj skrzynki kubbeh. W dużej misce wymieszaj semolinę, mąkę i ¼ łyżeczki soli. Stopniowo dodawaj wodę, mieszając drewnianą łyżką, a następnie rękami, aż uzyskasz lepkie ciasto. Przykryj wilgotną ściereczką i odstaw na 15 minut, aby odpoczęło.
c) Zagniataj ciasto przez kilka minut na powierzchni roboczej. Musi być elastyczne i łatwo się rozprowadzać, bez pękania. W razie potrzeby dodać trochę wody lub mąki. Aby zrobić kluski, weź miskę z wodą i zmocz ręce (upewnij się, że ręce są mokre przez cały czas, aby zapobiec sklejaniu). Weź kawałek ciasta o wadze około 30 g i spłaszcz go w dłoni; Twoim celem są dyski o średnicy 4 cali / 10 cm. Na środek nałóż około 2 łyżek farszu. Zawiń krawędzie farszu tak, aby przykrył farsz i zamknij go w środku. Rzuć kubbeh w dłonie, aby uformować kulkę, a następnie naciśnij ją, aby uzyskać okrągły, płaski kształt o grubości około 1¼ cala / 3 cm. Knedle układamy na blasze przykrytej folią spożywczą, zalewamy odrobiną wody i odstawiamy na bok.
d) Do zupy włóż czosnek, połowę selera i połowę charciku do robota kuchennego i zmiksuj na grubą pastę. Rozgrzej oliwę w dużym rondlu na średnim ogniu i smaż cebulę przez około 10 minut, aż będzie jasnozłota. Dodaj pastę z selera i boćwiny i gotuj jeszcze przez 3 minuty. Dodać bulion, cukinię, pozostały seler i boćwinę, sok z cytryny, 1 łyżeczkę soli i ½ łyżeczki czarnego pieprzu. Doprowadzić do wrzenia i gotować przez 10 minut,

następnie spróbować i doprawić. Musi być ostre, więc jeśli zajdzie taka potrzeba, dodaj kolejną łyżkę soku z cytryny.

e) Na koniec ostrożnie dodajemy kubbeh do zupy – po kilka na raz, żeby się nie skleiły – i gotujemy na wolnym ogniu przez 20 minut. Odstaw na dobre pół godziny, żeby osiadły i zmiękły, następnie podgrzej i podawaj. Dodaj plasterek cytryny, aby uzyskać dodatkowego kopa cytrynowego.

20. Nadziewane Papryki Romano

Sprawia: 4 HOJNIE

SKŁADNIKI
- 8 średnich papryczek Romano lub innej słodkiej papryki
- 1 duży pomidor, grubo posiekany (w sumie 1 szklanka / 170 g)
- 2 średnie cebule, grubo posiekane (w sumie 1⅔ szklanki / 250 g)
- ok. 2 szklanki/500 ml bulionu warzywnego
- NADZIEWANIE
- ¾ szklanki / 140 g ryżu basmati
- 1 ½ łyżki mieszanki przypraw Baharat (kupiona w sklepie lub zobacz przepis)
- ½ łyżeczki mielonego kardamonu
- 2 łyżki oliwy z oliwek
- 1 duża cebula, drobno posiekana (w sumie 1⅓ szklanki / 200 g)
- 400 g mielonej jagnięciny
- 2 ½ łyżki posiekanej natki pietruszki płaskolistnej
- 2 łyżki posiekanego koperku
- 1 ½ łyżki suszonej mięty
- 1 ½ łyżeczki cukru
- sól i świeżo zmielony czarny pieprz

INSTRUKCJE

a) Zacznij od farszu. Ryż włóż do rondla i zalej lekko osoloną wodą. Doprowadź do wrzenia i następnie gotuj przez 4 minuty. Odcedzić, przelać zimną wodą i odstawić.

b) Przyprawy podsmaż na suchej patelni. Dodajemy oliwę i cebulę i smażymy około 7 minut często mieszając, aż cebula będzie miękka. Wlać to wraz z ryżem, mięsem, ziołami, cukrem i 1 łyżeczką soli do dużej miski. Użyj rąk, aby dobrze wszystko wymieszać.

c) Zaczynając od końca łodygi, małym nożem przetnij wzdłuż trzy czwarte długości każdej papryki, nie usuwając łodygi, tworząc długi otwór. Nie otwierając zbyt mocno papryki, usuń nasiona, a następnie napełnij każdą paprykę równą ilością mieszanki.

d) Umieść pokrojonego pomidora i cebulę na bardzo dużej patelni, do której masz szczelnie przylegającą pokrywkę. Ułóż papryki na wierzchu, blisko siebie i wlej taką ilość bulionu, aby sięgał 1 cm od boków papryki. Doprawić ½ łyżeczki soli i odrobiną czarnego pieprzu. Przykrywamy patelnię pokrywką i gotujemy na najmniejszym możliwym ogniu przez godzinę. Ważne jest, aby nadzienie było po prostu gotowane na parze, dlatego pokrywka musi ściśle przylegać; upewnij się, że na dnie patelni zawsze znajduje się odrobina płynu. Podawaj paprykę ciepłą, nie gorącą lub w temperaturze pokojowej.

21. Nadziewany Bakłażan Z Jagnięciną I Orzeszkami Sosnowymi

Sprawia: 4 HOJNIE

SKŁADNIKI

- 4 średnie bakłażany (około 1,2 kg), przekrojone wzdłuż na pół
- 6 łyżek / 90 ml oliwy z oliwek
- 1 ½ łyżeczki mielonego kminku
- 1 ½ łyżki słodkiej papryki
- 1 łyżka mielonego cynamonu
- 2 średnie cebule (w sumie 340 g), drobno posiekane
- 1 funt / 500 g mielonej jagnięciny
- 7 łyżek / 50 g orzeszków piniowych
- ⅔ uncji / 20 g posiekanej natki pietruszki płaskolistnej
- 2 łyżki koncentratu pomidorowego
- 3 łyżeczki drobnego cukru
- ⅔ szklanki / 150 ml wody
- 1 ½ łyżki świeżo wyciśniętego soku z cytryny
- 1 łyżeczka pasty z tamaryndowca
- 4 laski cynamonu
- sól i świeżo zmielony czarny pieprz

INSTRUKCJE

a) Rozgrzej piekarnik do 220°C/425°F.

b) Połóż połówki bakłażana, skórą do dołu, w brytfance wystarczająco dużej, aby się w niej mieściły. Miąższ posmaruj 4 łyżkami oliwy z oliwek, dopraw 1 łyżeczką soli i dużą ilością czarnego pieprzu. Piecz około 20 minut, aż uzyskasz złoty kolor. Wyjąć z piekarnika i pozostawić do lekkiego przestygnięcia.

c) W czasie gdy bakłażany się smażą, możesz zacząć robić farsz, podgrzewając na dużej patelni pozostałe 2 łyżki oliwy z oliwek. Wymieszaj kminek, paprykę i mielony cynamon, a następnie dodaj połowę tej mieszanki przypraw na patelnię wraz z cebulą. Gotuj na średnim ogniu przez około 8 minut, często mieszając, po czym dodaj jagnięcinę, orzeszki piniowe, natkę pietruszki, koncentrat pomidorowy, 1 łyżeczkę cukru, 1 łyżeczkę soli i trochę czarnego pieprzu. Kontynuuj gotowanie i mieszanie przez kolejne 8 minut, aż mięso będzie ugotowane.

d) Pozostałą mieszankę przypraw włóż do miski i dodaj wodę, sok z cytryny, tamaryndowiec, pozostałe 2 łyżeczki cukru, laski cynamonu i ½ łyżeczki soli; Dobrze wymieszać.

e) Zmniejsz temperaturę piekarnika do 195°C. Wlać mieszankę przypraw na dno brytfanny do pieczenia bakłażanów. Połóż łyżką mieszankę jagnięcą na wierzchu każdego bakłażana. Przykryj szczelnie patelnię folią aluminiową, włóż ponownie do piekarnika i piecz przez 1,5 godziny. Po tym czasie bakłażany powinny być już całkowicie miękkie, a sos gęsty; dwa razy w trakcie gotowania zdejmij folię i polej bakłażany sosem, dodając trochę wody, jeśli sos wyschnie. Podawać ciepłe, nie gorące lub w temperaturze pokojowej.

22. Nadziewane ziemniaki

Sprawia: 4 DO 6

SKŁADNIKI
- 1 funt / 500 g mielonej wołowiny
- około 2 szklanek / 200 g białej bułki tartej
- 1 średnia cebula, drobno posiekana (¾ szklanki / łącznie 120 g)
- 2 ząbki czosnku, zmiażdżone
- ⅔ uncji / 20 g pietruszki płaskolistnej, drobno posiekanej
- 2 łyżki posiekanych liści tymianku
- 1 ½ łyżeczki mielonego cynamonu
- 2 duże ubite jajka z wolnego wybiegu
- 1,5 kg średnie ziemniaki Yukon Gold, około 9 na 6 cm, obrane i przekrojone wzdłuż na pół
- 2 łyżki posiekanej kolendry
- sól i świeżo zmielony czarny pieprz

SOS POMIDOROWY
- 2 łyżki oliwy z oliwek
- 5 ząbków czosnku, zmiażdżonych
- 1 średnia cebula, drobno posiekana (¾ szklanki / łącznie 120 g)
- 1 ½ łodygi selera, drobno posiekanego (⅔ szklanki / łącznie 80 g)
- 1 mała marchewka, obrana i drobno posiekana (w sumie ½ szklanki / 70 g)
- 1 czerwone chili, drobno posiekane
- 1 ½ łyżeczki mielonego kminku
- 1 łyżeczka mielonego ziela angielskiego
- szczypta wędzonej papryki
- 1 ½ łyżeczki słodkiej papryki
- 1 łyżeczka kminku rozgniecionego w moździerzu lub młynku do przypraw
- jedna puszka posiekanych pomidorów o pojemności 28 uncji / 800 g

- 1 łyżka pasty z tamaryndowca
- 1 ½ łyżeczki drobnego cukru

INSTRUKCJE

a) Zacznij od sosu pomidorowego. Rozgrzej oliwę z oliwek na najszerszej patelni, jaką posiadasz; będziesz także potrzebować do niego pokrywy. Dodaj czosnek, cebulę, seler, marchewkę i chili i smaż na małym ogniu przez 10 minut, aż warzywa będą miękkie. Dodaj przyprawy, dobrze wymieszaj i smaż przez 2 do 3 minut. Dodajemy pokrojone pomidory, tamaryndowiec, cukier, ½ łyżeczki soli, odrobinę czarnego pieprzu i doprowadzamy do wrzenia. Zdjąć z ognia.

b) Aby przygotować faszerowane ziemniaki, włóż do miski wołowinę, bułkę tartą, cebulę, czosnek, natkę pietruszki, tymianek, cynamon, 1 łyżeczkę soli, trochę czarnego pieprzu i jajka. Użyj rąk, aby dobrze połączyć wszystkie składniki.

c) Wydrąż każdą połówkę ziemniaka za pomocą łyżki do melonów lub łyżeczki, tworząc skorupę o grubości ⅔ cala / 1,5 cm. Włóż mieszankę mięsną do każdej wnęki, dociskając ją rękami do dołu, tak aby całkowicie wypełniła ziemniaka. Ostrożnie wciśnij wszystkie ziemniaki w sos pomidorowy, tak aby przylegały do siebie, farszem mięsnym skierowanym do góry. Dodać około 1¼ szklanki / 300 ml wody lub tyle, aby prawie przykryć paszteciki sosem, doprowadzić do lekkiego wrzenia, przykryć patelnię pokrywką i pozostawić do powolnego gotowania na co najmniej 1 godzinę lub nawet dłużej, aż sos jest gęsty, a ziemniaki bardzo miękkie. Jeśli sos nie zgęstnieje wystarczająco, zdejmij pokrywkę i gotuj na wolnym ogniu przez 5 do 10 minut. Podawać na gorąco lub na ciepło, udekorowane kolendrą.

23. Karczochy faszerowane groszkiem i koperkiem

Sprawia: 4

SKŁADNIKI
- 400 g porów, przyciętych i pokrojonych w 0,5 cm plasterki
- 250 g mielonej wołowiny
- 1 duże jajko z wolnego wybiegu
- 1 łyżeczka mielonego ziela angielskiego
- 1 łyżeczka mielonego cynamonu
- 2 łyżeczki suszonej mięty
- 12 średnich karczochów kulistych lub rozmrożonych mrożonych spodów karczochów (patrz wprowadzenie)
- 6 łyżek / 90 ml świeżo wyciśniętego soku z cytryny plus sok z ½ cytryny, jeśli używasz świeżych karczochów
- ⅓ szklanki / 80 ml oliwy z oliwek
- mąka uniwersalna do panierowania karczochów
- około 2 szklanek / 500 ml bulionu drobiowego lub warzywnego
- 1⅓ szklanki / 200 g mrożonego groszku
- ⅓ uncji / 10 g koperku, grubo posiekanego
- sól i świeżo zmielony czarny pieprz

INSTRUKCJE
a) Pory blanszować we wrzącej wodzie przez 5 minut. Odcedzić, odświeżyć i odcisnąć z wody.
b) Pory drobno posiekać, włożyć do naczynia miksującego razem z mięsem, jajkiem, przyprawami, miętą, 1 łyżeczką soli i dużą ilością pieprzu. Dobrze wymieszać.
c) Jeśli używasz świeżych karczochów, przygotuj miskę z wodą i sokiem z ½ cytryny. Usuń łodygę z karczocha i oderwij twarde zewnętrzne liście. Gdy dotrzesz do bardziej miękkich, bladych liści, użyj dużego, ostrego noża, aby przeciąć kwiat tak, aby pozostała dolna ćwiartka. Za pomocą małego, ostrego noża lub obieraczki do warzyw usuń zewnętrzne warstwy karczocha, aż odsłonięta zostanie podstawa lub spód. Wyskrobujemy włochaty

„dławik" i wkładamy bazę do zakwaszonej wody. Odrzuć resztę i powtórz czynność z pozostałymi karczochami.

d) Włóż 2 łyżki oliwy z oliwek do rondla wystarczająco szerokiego, aby pomieścić karczochy leżące na płasko i podgrzej na średnim ogniu. Napełnij spód każdego karczocha 1–2 łyżkami mieszanki wołowej, wciskając nadzienie. Delikatnie obtocz spód w odrobinie mąki, lekko ją posmaruj i strzepnij nadmiar. Smażymy na rozgrzanym oleju po 1,5 minuty z każdej strony. Wytrzyj patelnię do czysta i włóż ponownie karczochy na patelnię, układając je płasko i ciasno obok siebie.

e) Wymieszaj bulion, sok z cytryny i pozostałą oliwę, dopraw obficie solą i pieprzem. Nalewaj łyżką płynu na karczochy, aż będą prawie, ale nie całkowicie zanurzone; możesz nie potrzebować całego płynu. Na karczochy połóż kawałek papieru pergaminowego, przykryj patelnię pokrywką i gotuj na małym ogniu przez 1 godzinę. Gdy będą gotowe, powinno pozostać jedynie około 4 łyżek płynu. W razie potrzeby zdejmij pokrywkę i papier i zredukuj sos. Odstaw patelnię na bok, aż karczochy będą ciepłe lub osiągną temperaturę pokojową.

f) Gdy groszek będzie gotowy do podania, blanszuj go przez 2 minuty. Odcedzić, dodać je wraz z koperkiem na patelnię z karczochami, doprawić do smaku i delikatnie wszystko wymieszać.

DANIE GŁÓWNE

24. Pieczone słodkie ziemniaki i świeże figi

Sprawia: 4

SKŁADNIKI

- 4 małe słodkie ziemniaki (w sumie 1 kg)
- 5 łyżek oliwy z oliwek
- 3 łyżki / 40 ml octu balsamicznego (można użyć komercyjnego, a nie premium)
- 1½ łyżki / 20 g drobnego cukru
- 12 zielonych cebul, przekrojonych wzdłuż na pół i pokrojonych na 4-centymetrowe segmenty
- 1 czerwone chili, pokrojone w cienkie plasterki
- 6 dojrzałych fig (w sumie 240 g) pokrojonych w ćwiartki
- 150 g miękkiego sera z koziego mleka (opcjonalnie)
- Sól morska Maldon i świeżo zmielony czarny pieprz

INSTRUKCJE

a) Rozgrzej piekarnik do 240°C/475°F.

b) Słodkie ziemniaki umyj, przekrój je wzdłuż na pół, a następnie każdą połówkę ponownie pokrój w podobny sposób na 3 długie kliny. Wymieszaj z 3 łyżkami oliwy z oliwek, 2 łyżeczkami soli i odrobiną czarnego pieprzu. Rozłóż kliny skórą do dołu na blasze do pieczenia i piecz przez około 25 minut, aż będą miękkie, ale nie papkowate. Wyjąć z piekarnika i pozostawić do ostygnięcia.

c) Aby przygotować redukcję balsamiczną, w małym rondlu umieść ocet balsamiczny i cukier. Doprowadzić do wrzenia, następnie zmniejszyć ogień i gotować przez 2 do 4 minut, aż zgęstnieje. Pamiętaj, aby zdjąć patelnię z ognia, gdy ocet jest jeszcze rzadszy niż miód; będzie nadal gęstnieć w miarę ochładzania. Przed podaniem dodaj kroplę wody, jeśli okaże się, że jest zbyt gęsta, aby można ją było skropić.

d) Ułóż słodkie ziemniaki na półmisku. Rozgrzej pozostały olej w średnim rondlu na średnim ogniu i dodaj zieloną cebulę i chili. Smaż przez 4 do 5 minut, często mieszając, aby nie przypalić chili. Połóż łyżkę oliwy, cebulę i chili na słodkich ziemniakach. Połóż figi pomiędzy klinami, a następnie skrop je balsamiczną redukcją. Podawać w temperaturze pokojowej. Jeśli używasz, pokrusz ser na wierzch.

25. Na'ama jest gruba

Sprawia: 6
SKŁADNIKI
- 1 szklanka / 200 g jogurtu greckiego i ¾ szklanki plus 2 łyżki / 200 ml pełnego mleka lub 1⅔ szklanki / 400 ml maślanki (zamiast jogurtu i mleka)
- 2 duże czerstwe tureckie placki lub naan (w sumie 250 g)
- 3 duże pomidory (łącznie 380 g), pokrojone w kostkę o średnicy ⅔ cala / 1,5 cm
- 100 g rzodkiewek, pokrojonych w cienkie plasterki
- 3 ogórki libańskie lub mini (w sumie 250 g), obrane i pokrojone w kostkę o średnicy 1,5 cm/⅔ cala
- 2 zielone cebule, pokrojone w cienkie plasterki
- ½ uncji / 15 g świeżej mięty
- 25 g pietruszki płaskolistnej, grubo posiekanej
- 1 łyżka suszonej mięty
- 2 ząbki czosnku, zmiażdżone
- 3 łyżki świeżo wyciśniętego soku z cytryny
- ¼ szklanki / 60 ml oliwy z oliwek plus trochę do skropienia
- 2 łyżki octu jabłkowego lub białego wina
- ¾ łyżeczki świeżo zmielonego czarnego pieprzu
- 1 ½ łyżeczki soli
- 1 łyżka sumaku lub więcej do smaku, do dekoracji

INSTRUKCJE

a) Jeśli używasz jogurtu i mleka, rozpocznij je co najmniej 3 godziny wcześniej, a nawet dzień wcześniej, umieszczając oba składniki w misce. Dokładnie wymieszaj i odstaw w chłodne miejsce lub do lodówki, aż na powierzchni pojawią się bąbelki. Otrzymujesz rodzaj domowej maślanki, ale mniej kwaśnej.

b) Chleb rwiemy na kawałki wielkości kęsa i wkładamy do dużej miski. Dodaj mieszankę jogurtu sfermentowanego lub maślankę dostępną w handlu, a następnie resztę składników, dobrze wymieszaj i pozostaw na 10 minut, aby wszystkie smaki się połączyły.

c) Przełóż łyżką tłuszcz do misek, skrop odrobiną oliwy z oliwek i obficie udekoruj sumakiem.

26. Ciasto Ziołowe

Sprawia: 4

SKŁADNIKI
- 2 łyżki oliwy z oliwek, plus dodatkowa ilość do posmarowania ciasta
- 1 duża cebula, pokrojona w kostkę
- 500 g boćwiny, łodygi i liście drobno posiekane, ale trzymane osobno
- 150 g selera, pokrojonego w cienkie plasterki
- 1¾ uncji / 50 g posiekanej zielonej cebuli
- 1¾ uncji / 50 g rukoli
- 30 g posiekanej natki pietruszki płaskolistnej
- 30 g mięty, posiekanej
- ¾ uncji / 20 g koperku, posiekanego
- 120 g sera anari lub ricotta, pokruszonego
- 100 g dojrzałego sera Cheddar, startego
- 60 g sera feta, pokruszonego
- otarta skórka z 1 cytryny
- 2 duże jajka z wolnego wybiegu
- ⅓ łyżeczki soli
- ½ łyżeczki świeżo zmielonego czarnego pieprzu
- ½ łyżeczki drobnego cukru
- 250 g ciasta filo

INSTRUKCJE
a) Rozgrzej piekarnik do 200°C/400°F. Wlać oliwę z oliwek do dużej, głębokiej patelni ustawionej na średnim ogniu. Dodaj cebulę i smaż przez 8 minut, nie rumieniąc się. Dodaj łodygi boćwiny i seler i kontynuuj smażenie przez 4 minuty, od czasu do czasu mieszając. Dodaj liście boćwiny, zwiększ ogień do średnio-wysokiego i mieszaj, gotując przez 4 minuty, aż liście zwiędną. Dodaj zieloną cebulę, rukolę i zioła i smaż jeszcze 2 minuty. Zdejmij z ognia i przełóż na durszlak, aby ostygł.

b) Gdy masa ostygnie, odciśnij jak najwięcej wody i przełóż ją do miski. Dodać trzy sery, skórkę z cytryny, jajka, sól, pieprz i cukier i dobrze wymieszać.

c) Rozłóż arkusz ciasta filo i posmaruj go odrobiną oliwy z oliwek. Przykryj innym arkuszem i kontynuuj w ten sam sposób, aż uzyskasz 5 warstw filo posmarowanych olejem, wszystkie pokrywające obszar wystarczająco duży, aby wyłożyć boki i spód formy do ciasta o średnicy 8½ cala / 22 cm plus dodatkowa ilość do powieszenia nad brzegiem . Formę do ciasta wyłóż ciastem, napełnij mieszanką ziół i złóż nadmiar ciasta na krawędzi nadzienia, w razie potrzeby przycinając ciasto, aby utworzyć brzeg o szerokości 2 cm.

d) Uformuj kolejny zestaw 5 warstw filo posmarowanych olejem i połóż je na cieście. Ciasto lekko zgnieć, aby uzyskać falisty, nierówny wierzch i przytnij krawędzie tak, aby tylko zakrywało ciasto. Posmaruj obficie oliwą z oliwek i piecz przez 40 minut, aż filo nabierze ładnego złotobrązowego koloru. Wyjmij z piekarnika i podawaj na ciepło lub w temperaturze pokojowej.

27. Pieczony bakłażan ze smażoną cebulą

Sprawia: 4

SKŁADNIKI

- 2 duże bakłażany, przekrojone wzdłuż na pół wraz z łodygą (w sumie około 750 g)
- ⅔ szklanki / 150 ml oliwy z oliwek
- 4 cebule (w sumie około 550 g), pokrojone w cienkie plasterki
- 1 ½ zielonego chili
- 1 ½ łyżeczki mielonego kminku
- 1 łyżeczka sumaku
- 1¾ uncji / 50 g sera feta, podzielonego na duże kawałki
- 1 średnia cytryna
- 1 ząbek czosnku, zmiażdżony
- sól i świeżo zmielony czarny pieprz

INSTRUKCJE

a) Rozgrzej piekarnik do 220°C/425°F.

b) Naciętą stronę każdego bakłażana natnij krzyżykiem. Boki nacięcia posmaruj 6½ łyżki / 100 ml oliwy i obficie posyp solą i pieprzem. Ułożyć na blasze do pieczenia, przecięciem do góry i piec w piekarniku przez około 45 minut, aż miąższ będzie złocistobrązowy i całkowicie ugotowany.

c) Podczas smażenia bakłażanów wlej pozostały olej na dużą patelnię i postaw na dużym ogniu. Dodaj cebulę i ½ łyżeczki soli i smaż przez 8 minut, często mieszając, aby części cebuli były naprawdę ciemne i chrupiące. Wysiej i posiekaj chili, oddzielając całość od połówki. Dodaj zmielony kminek, sumak i całe posiekane chili i smaż przez kolejne 2 minuty, a następnie dodaj fetę. Gotuj przez ostatnią minutę, niewiele mieszając, a następnie zdejmij z ognia.

d) Za pomocą małego ząbkowanego noża usuń skórkę i miąższ cytryny. Grubo posiekaj mięso, pozbywając się nasion. Miąższ i soki włóż do miski z pozostałą połową chili i czosnkiem.

e) Złóż naczynie, gdy tylko bakłażany będą gotowe. Przełożyć upieczone połówki na półmisek i posmarować miąższ sosem cytrynowym. Cebulę lekko podgrzej i połóż na niej łyżką. Podawać na ciepło lub odstawić, aby nabrało temperatury pokojowej.

28. Pieczona dynia piżmowa z za'atarem

Sprawia: 4

SKŁADNIKI

- 1 duża dynia piżmowa (w sumie 1,1 kg) pokrojona w kliny o wymiarach ¾ na 2½ cala / 2 na 6 cm
- 2 czerwone cebule, pokrojone w 3-centymetrowe kliny
- 3½ łyżki / 50 ml oliwy z oliwek
- 3½ łyżki jasnej pasty tahini
- 1 ½ łyżki soku z cytryny
- 2 łyżki wody
- 1 mały ząbek czosnku, zmiażdżony
- 3½ łyżki / 30 g orzeszków piniowych
- 1 łyżka zataru
- 1 łyżka grubo posiekanej natki pietruszki płaskolistnej
- Sól morska Maldon i świeżo zmielony czarny pieprz

INSTRUKCJE

a) Rozgrzej piekarnik do 240°C/475°F.

b) Do dużej miski włóż dynię i cebulę, dodaj 3 łyżki oleju, 1 łyżeczkę soli i trochę czarnego pieprzu, dobrze wymieszaj. Rozłóż na blasze do pieczenia skórą do dołu i piecz w piekarniku przez 30 do 40 minut, aż warzywa nabiorą koloru i będą ugotowane. Uważaj na cebulę, ponieważ może ugotować się szybciej niż dynia i należy ją wcześniej usunąć. Wyjąć z piekarnika i pozostawić do ostygnięcia.

c) Aby przygotować sos, włóż tahini do małej miski wraz z sokiem z cytryny, wodą, czosnkiem i ¼ łyżeczki soli. Ubijaj, aż sos będzie miał konsystencję miodu, w razie potrzeby dodając więcej wody lub tahini.

d) Wlej pozostałe 1 ½ łyżeczki oleju na małą patelnię i postaw na średnio-małym ogniu. Dodaj orzeszki piniowe wraz z ½ łyżeczki soli i gotuj przez 2 minuty, często mieszając, aż orzechy nabiorą złotobrązowego koloru. Zdejmij z ognia i przenieś orzechy i olej do małej miski, aby zatrzymać gotowanie.

e) Przed podaniem rozłóż warzywa na dużym talerzu i polej tahini. Posyp orzeszkami piniowymi i ich oliwą, a następnie za'atarem i natką pietruszki.

29. Fasola Fava Kuku

Sprawia: 6

SKŁADNIKI
- 1 lb / 500 g fasoli fava, świeżej lub mrożonej
- 5 łyżek / 75 ml wrzącej wody
- 2 łyżki drobnego cukru
- 5 łyżek / 45 g suszonego berberysu
- 3 łyżki gęstej śmietanki
- ¼ łyżeczki nitek szafranu
- 2 łyżki zimnej wody
- 5 łyżek oliwy z oliwek
- 2 średnie cebule, drobno posiekane
- 4 ząbki czosnku, zmiażdżone
- 7 dużych jaj z wolnego wybiegu
- 1 łyżka mąki uniwersalnej
- ½ łyżeczki proszku do pieczenia
- 1 szklanka / 30 g koperku, posiekanego
- ½ szklanki / 15 g posiekanej mięty
- sól i świeżo zmielony czarny pieprz

INSTRUKCJE

a) Rozgrzej piekarnik do 180°C/350°F. Fasolę fava włóż do garnka z dużą ilością wrzącej wody. Gotować przez 1 minutę, odcedzić, przelać zimną wodą i odstawić.

b) Do średniej miski wlać 5 łyżek / 75 ml wrzącej wody, dodać cukier i mieszać do rozpuszczenia. Gdy syrop ostygnie, dodać berberys i pozostawić na około 10 minut, następnie odcedzić.

c) W małym rondlu zagotuj śmietanę, szafran i zimną wodę. Natychmiast zdjąć z ognia i odstawić na 30 minut do zaparzenia.

d) Rozgrzej 3 łyżki oliwy z oliwek na średnim ogniu w żaroodpornej patelni o średnicy 25 cm i średnicy 25 cm z powłoką zapobiegającą przywieraniu, z pokrywką. Dodaj cebulę i smaż przez około 4 minuty, od czasu do czasu mieszając, następnie dodaj czosnek i smaż, mieszając, przez kolejne 2 minuty. Wymieszaj fasolę fava i odłóż na bok.

e) Jajka dobrze ubij w dużej misce, aż się spienią. Dodać mąkę, proszek do pieczenia, śmietankę szafranową, zioła, 1½ łyżeczki soli i ½ łyżeczki pieprzu i dobrze wymieszać. Na koniec dodaj berberys, fasolę fava i mieszankę cebuli.

f) Wytrzyj patelnię do czysta, dodaj pozostałą oliwę z oliwek i włóż do piekarnika na 10 minut, aby dobrze się nagrzało. Na rozgrzaną patelnię wlać masę jajeczną, przykryć pokrywką i piec przez 15 minut. Zdejmij pokrywkę i piecz przez kolejne 20 do 25 minut, aż jajka się zetną. Wyjmij z piekarnika i odstaw na 5 minut, a następnie przełóż na talerz. Podawać na ciepło lub w temperaturze pokojowej.

Sałatka z surowych karczochów i ziół

30. Cytrynowe klopsiki z pora

Sprawia: 4 JAKO STARTER

SKŁADNIKI
- 6 dużych przyciętych porów (w sumie około 800 g)
- 250 g mielonej wołowiny
- 1 szklanka / 90 g bułki tartej
- 2 duże jajka z wolnego wybiegu
- 2 łyżki oleju słonecznikowego
- ¾ do 1¼ szklanki / 200 do 300 ml bulionu z kurczaka
- ⅓ szklanki / 80 ml świeżo wyciśniętego soku z cytryny (około 2 cytryn)
- ⅓ szklanki / 80 g jogurtu greckiego
- 1 łyżka drobno posiekanej natki pietruszki płaskolistnej
- sól i świeżo zmielony czarny pieprz

INSTRUKCJE

a) Pory pokroić w plastry o grubości ¾ cala / 2 cm i gotować na parze przez około 20 minut, aż będą całkowicie miękkie. Odcedź i pozostaw do ostygnięcia, a następnie odciśnij pozostałą wodę ręcznikiem. Zmiel pory w robocie kuchennym, pulsując kilka razy, aż będą dobrze posiekane, ale nie papkowate. Do dużej miski włóż pory, dodaj mięso, bułkę tartą, jajka, 1¼ łyżeczki soli i 1 łyżeczkę czarnego pieprzu. Z powstałej mieszanki uformuj płaskie kotleciki o wymiarach około 7 na 2 cm – powinno być ich 8. Wstaw do lodówki na 30 minut.

b) Rozgrzej olej na średnim ogniu w dużej patelni o grubym dnie, do której masz pokrywkę. Smażyć placki z obu stron na złoty kolor; jeśli to konieczne, można to zrobić partiami.

c) Wytrzyj patelnię ręcznikiem papierowym, a następnie ułóż klopsiki na dnie, w razie potrzeby lekko nachodząc na siebie. Wlać taką ilość bulionu, aby prawie, ale nie całkowicie zakryła kotlety. Dodaj sok z cytryny i ½ łyżeczki soli. Doprowadź do wrzenia, następnie przykryj i gotuj na wolnym ogniu przez 30 minut. W razie potrzeby zdejmij pokrywkę i gotuj jeszcze przez kilka minut, aż prawie cały płyn odparuje. Zdejmij patelnię z ognia i odłóż na bok, aby ostygła.

d) Podawaj klopsiki na ciepło lub w temperaturze pokojowej, z łyżką jogurtu i posypką natki pietruszki.

31. Surówka z warzyw korzeniowych z labneh

Sprawia: 6

SKŁADNIKI
- 3 średnie buraki (łącznie 450 g)
- 2 średnie marchewki (w sumie 250 g)
- ½ korzenia selera (łącznie 300 g)
- 1 średnia kalarepa (w sumie 250 g)
- 4 łyżki świeżo wyciśniętego soku z cytryny
- 4 łyżki oliwy z oliwek
- 3 łyżki octu sherry
- 2 łyżeczki drobnego cukru
- ¾ szklanki / 25 g liści kolendry, grubo posiekanych
- ¾ szklanki / 25 g posiekanych liści mięty
- ⅔ szklanki / 20 g liści pietruszki płaskolistnej, grubo posiekanej
- ½ łyżki startej skórki z cytryny
- 1 szklanka / 200 g labneh (kupnego lub zobacz przepis)
- sól i świeżo zmielony czarny pieprz
- Obierz wszystkie warzywa i pokrój je w cienkie plasterki, około 1/16 małego ostrego chili, drobno posiekanego

INSTRUKCJE

a) W małym rondlu umieść sok z cytryny, oliwę z oliwek, ocet, cukier i 1 łyżeczkę soli. Doprowadzić do delikatnego wrzenia i mieszać, aż cukier i sól się rozpuszczą. Zdjąć z ognia.

b) Odcedź paski warzyw i przenieś je na papierowy ręcznik, aby dobrze wyschły. Wysusz miskę i wymień warzywa. Gorącym sosem polej warzywa, dobrze wymieszaj i pozostaw do ostygnięcia. Włożyć do lodówki na co najmniej 45 minut.

c) Gdy sałatka będzie gotowa do podania, dodaj do niej zioła, skórkę z cytryny i 1 łyżeczkę czarnego pieprzu. Dobrze wymieszaj, posmakuj i w razie potrzeby dodaj więcej soli. Ułóż na talerzach i podawaj z odrobiną labneh na boku.

32. Smażone pomidory z czosnkiem

Sprawia: 2 do 4

SKŁADNIKI
- 3 duże ząbki czosnku, zmiażdżone
- ½ małego ostrego chili, drobno posiekanego
- 2 łyżki posiekanej natki pietruszki płaskolistnej
- 3 duże, dojrzałe, ale jędrne pomidory (w sumie około 450 g)
- 2 łyżki oliwy z oliwek
- Sól morska Maldon i świeżo zmielony czarny pieprz
- rustykalny chleb do podania

INSTRUKCJE

a) W małej misce wymieszaj czosnek, chili i posiekaną natkę pietruszki i odłóż na bok. Wierzch i ogon pomidorów pokrój pionowo w plasterki o grubości około ⅔ cala / 1,5 cm.

b) Rozgrzej olej na dużej patelni na średnim ogniu. Dodać plasterki pomidora, doprawić solą i pieprzem, smażyć około 1 minuty, następnie odwrócić, ponownie doprawić solą i pieprzem i posypać mieszanką czosnku. Kontynuuj smażenie przez kolejną minutę, od czasu do czasu potrząsając patelnią, następnie ponownie obróć plastry i smaż jeszcze przez kilka sekund, aż będą miękkie, ale nie papkowate.

c) Przełóż pomidory na talerz, polej sokiem z patelni i od razu podawaj z pieczywem.

33. Bakłażan Chermoula z Bulgurem i Jogurtem

Sprawia: 4 JAKO DANIE GŁÓWNE

SKŁADNIKI

- 2 ząbki czosnku, zmiażdżone
- 2 łyżeczki mielonego kminku
- 2 łyżeczki mielonej kolendry
- 1 łyżeczka płatków chili
- 1 łyżeczka słodkiej papryki
- 2 łyżki drobno posiekanej konserwowanej skórki cytrynowej (kupiona w sklepie lub zobacz przepis)
- ⅔ szklanki / 140 ml oliwy z oliwek plus trochę do wykończenia
- 2 średnie bakłażany
- 1 szklanka / 150 g drobnego bulguru
- ⅔ szklanki / 140 ml wrzącej wody
- ⅓ szklanki / 50 g złotych rodzynek
- 3½ łyżki / 50 ml ciepłej wody
- ⅓ oz / 10 g kolendry, posiekanej, plus trochę na wykończenie
- ⅓ uncji / 10 g posiekanej mięty
- ⅓ szklanki / 50 g zielonych oliwek bez pestek, przekrojonych na połówki
- ⅓ szklanki / 30 g migdałów w plasterkach, prażonych
- 3 zielone cebule, posiekane
- 1 ½ łyżki świeżo wyciśniętego soku z cytryny
- ½ szklanki / 120 g jogurtu greckiego
- sól

INSTRUKCJE

a) Rozgrzej piekarnik do 200°C/400°F.

b) Aby przygotować chermoulę, wymieszaj w małej misce czosnek, kminek, kolendrę, chili, paprykę, konserwowaną cytrynę, dwie trzecie oliwy z oliwek i ½ łyżeczki soli.

c) Bakłażany przekrój wzdłuż na pół. Nacinaj miąższ każdej połówki głębokimi, ukośnymi nacięciami, uważając, aby nie przekłuć skóry. Na każdą połówkę nałóż chermoulę, równomiernie ją rozprowadź i ułóż na blasze przecięciem do góry. Włóż do piekarnika i piecz przez 40 minut lub do momentu, aż bakłażany będą całkowicie miękkie.

d) W międzyczasie włóż bulgur do dużej miski i zalej wrzącą wodą.

e) Rodzynki namoczyć w ciepłej wodzie. Po 10 minutach odcedź rodzynki i dodaj je do kaszy bulgur wraz z pozostałą oliwą. Dodaj zioła, oliwki, migdały, zieloną cebulę, sok z cytryny i szczyptę soli i wymieszaj, aby połączyć. Posmakuj i jeśli to konieczne, dodaj więcej soli.

f) Podawać bakłażany na ciepło lub w temperaturze pokojowej. Na każdym talerzu ułóż po ½ bakłażana, przecięciem do góry. Na wierzch wyłóż bulgur, tak aby część spadła z obu stron. Polać łyżką jogurtu, posypać kolendrą i na koniec skropić oliwą.

34. Smażony kalafior z tahini

Sprawia: 6

SKŁADNIKI
- 2 szklanki / 500 ml oleju słonecznikowego
- 2 średnie główki kalafiora (łącznie 1 kg), podzielone na małe różyczki
- 8 zielonych cebul, każda podzielona na 3 długie segmenty
- ¾ szklanki / 180 g jasnej pasty tahini
- 2 ząbki czosnku, zmiażdżone
- ¼ szklanki / 15 g posiekanej natki pietruszki
- ¼ szklanki / 15 g posiekanej mięty plus trochę na wykończenie
- ⅔ szklanki / 150 g jogurtu greckiego
- ¼ szklanki / 60 ml świeżo wyciśniętego soku z cytryny plus otarta skórka z 1 cytryny
- 1 łyżeczka melasy z granatów plus trochę do wykończenia
- około ¾ szklanki / 180 ml wody
- Sól morska Maldon i świeżo zmielony czarny pieprz

INSTRUKCJE

a) Rozgrzej olej słonecznikowy w dużym rondlu ustawionym na średnim ogniu. Używając metalowych szczypiec lub metalowej łyżki, ostrożnie wrzucaj po kilka różyczek kalafiora do oleju i smaż je przez 2 do 3 minut, przewracając je na drugą stronę, aby równomiernie się zabarwiły. Gdy uzyskają złoty kolor, za pomocą łyżki cedzakowej unieś różyczki na durszlak, aby je odsączyć. Posypać odrobiną soli. Kontynuuj partiami, aż skończysz cały kalafior. Następnie smaż cebulę partiami, ale tylko przez około 1 minutę. Dodać do kalafiora. Pozwól obu trochę ostygnąć.

b) Do dużej miski wlej pastę tahini, dodaj czosnek, posiekane zioła, jogurt, sok i skórkę z cytryny, melasę z granatów oraz odrobinę soli i pieprzu. Dokładnie wymieszaj drewnianą łyżką podczas dodawania wody. Sos tahini zgęstnieje, a po dodaniu wody rozrzedzi się. Nie dodawaj za dużo, tylko tyle, aby uzyskać gęstą, a zarazem gładką i lejącą konsystencję, przypominającą trochę miód.

c) Dodaj kalafior i zieloną cebulę do tahini i dobrze wymieszaj. Posmakuj i dopraw do smaku. Możesz także dodać więcej soku z cytryny.

d) Przed podaniem przełóż łyżkę do miski i wykończ kilkoma kroplami melasy z granatów i odrobiną mięty.

35. Mieszany grill bliskowschodni

Sprawia: 4
SKŁADNIKI
- 300 g piersi z kurczaka bez kości, pokrojonej w 2-centymetrową kostkę
- 200 g serc z kurczaka, przeciętych wzdłuż na pół (opcjonalnie)
- 4 łyżki oliwy z oliwek
- 250 g wątróbek drobiowych, oczyszczonych i pokrojonych w kostkę
- 2 duże cebule, pokrojone w cienkie plasterki (w sumie około 4½ szklanki / 500 g)
- 1 ½ łyżeczki mielonej kurkumy
- 1 łyżka mieszanki przypraw Baharat (kupiona w sklepie lub zobacz przepis)
- sól

INSTRUKCJE

a) Postaw dużą żeliwną lub inną ciężką patelnię na średnim ogniu i pozostaw na kilka minut, aż prawie zacznie dymić. Dodaj pierś z kurczaka i pozostaw na minutę, zamieszaj raz, a następnie smaż, aż całość się zrumieni, od 2 do 3 minut. Kawałki przekładamy do miski i odstawiamy.

b) Połóż serca na patelni i gotuj, mieszając od czasu do czasu, aż się zrumienią, ale nie zostaną ugotowane, od 2 do 3 minut. Dodaj do miski.

c) Na patelnię wlewamy łyżkę oliwy i wrzucamy wątróbki. Gotuj przez 2 do 3 minut, mieszając tylko raz lub dwa razy, a następnie zdejmij z patelni.

d) Na patelnię wlewamy 2 łyżki oliwy i wrzucamy połowę cebuli. Gotuj, cały czas mieszając, przez 4 do 5 minut, aż cebula zmięknie i lekko się zwęgli, ale nie będzie całkowicie wiotka. Dodaj pozostały olej na patelnię i powtórz tę czynność z drugą połową cebuli. Włóż pierwszą porcję na patelnię wraz z przyprawami i ugotowanymi kawałkami kurczaka, sercami i wątróbkami. Dopraw ¾ łyżeczki soli i kontynuuj smażenie przez około 3 minuty, zdrapując patelnię podczas smażenia, aż kurczak będzie ugotowany. Podawać na raz.

36. Duszona Przepiórka Z Morelami I Tamaryndowcem

Sprawia: 4 JAKO STARTER

SKŁADNIKI

- 4 bardzo duże przepiórki, około 190 g każda, przecięte na pół wzdłuż mostka i grzbietu
- ¾ łyżeczki płatków chili
- ¾ łyżeczki mielonego kminku
- ½ łyżeczki nasion kopru włoskiego, lekko zmiażdżonych
- 1 łyżka oliwy z oliwek
- 1¼ szklanki / 300 ml wody
- 5 łyżek / 75 ml białego wina
- ⅔ szklanki / 80 g suszonych moreli, pokrojonych w grube plasterki
- 2½ łyżki / 25 g porzeczek
- 1 ½ łyżki drobnego cukru
- 1 ½ łyżki pasty z tamaryndowca
- 2 łyżki świeżo wyciśniętego soku z cytryny
- 1 łyżeczka zerwanych liści tymianku
- sól i świeżo zmielony czarny pieprz
- 2 łyżki posiekanej mieszanej kolendry i pietruszki płaskolistnej do dekoracji (opcjonalnie)

INSTRUKCJE

a) Przepiórkę wytrzyj ręcznikiem papierowym i włóż do miski miksującej. Posyp płatkami chili, kminkiem, nasionami kopru włoskiego, ½ łyżeczki soli i odrobiną czarnego pieprzu. Dobrze wmasuj dłońmi, następnie przykryj i pozostaw do marynowania w lodówce na co najmniej 2 godziny lub na całą noc.

b) Rozgrzej olej na średnim ogniu na patelni, która jest wystarczająco duża, aby pomieścić ptaki i która ma pokrywkę. Smaż ptaki ze wszystkich stron przez około 5 minut, aż uzyskają ładny złocistobrązowy kolor.

c) Zdejmij przepiórkę z patelni i odrzuć większość tłuszczu, pozostawiając około 1 ½ łyżeczki. Dodać wodę, wino, morele, porzeczki, cukier, tamaryndowiec, sok z cytryny, tymianek, ½ łyżeczki soli i trochę czarnego pieprzu. Przepiórkę z powrotem włóż na patelnię. Woda powinna sięgać trzech czwartych po bokach ptaków; jeśli nie, dodaj więcej wody. Doprowadzić do wrzenia, przykryć patelnię i dusić bardzo delikatnie przez 20 do 25 minut, obracając przepiórkę raz lub dwa razy, aż ptaki będą ugotowane.

d) Zdejmij przepiórkę z patelni na półmisek i trzymaj w cieple. Jeśli płyn nie jest zbyt gęsty, postaw go ponownie na średnim ogniu i gotuj na wolnym ogniu przez kilka minut, aż uzyska odpowiednią konsystencję sosu. Połóż sos na przepiórce i udekoruj kolendrą i natką pietruszki, jeśli używasz.

37. Pieczony kurczak z klementynkami

Sprawia: 4

SKŁADNIKI

- 6½ łyżki / 100 ml araku, ouzo lub Pernodu
- 4 łyżki oliwy z oliwek
- 3 łyżki świeżo wyciśniętego soku pomarańczowego
- 3 łyżki świeżo wyciśniętego soku z cytryny
- 2 łyżki musztardy zbożowej
- 3 łyżki jasnego brązowego cukru
- 2 średnie bulwy kopru włoskiego (łącznie 500 g)
- 1 duży kurczak z upraw organicznych lub z wolnego wybiegu, około 1,3 kg, podzielony na 8 części lub o tej samej wadze w przypadku udek z kością i skórą
- 4 klementynki, nieobrane (w sumie 400 g), pokrojone poziomo na 0,5 cm plasterki
- 1 łyżka liści tymianku
- 2 ½ łyżeczki nasion kopru włoskiego, lekko zmiażdżonych
- sól i świeżo zmielony czarny pieprz
- posiekana natka pietruszki, do dekoracji

INSTRUKCJE

a) Włóż pierwszych sześć składników do dużej miski i dodaj 2½ łyżeczki soli i 1½ łyżeczki czarnego pieprzu. Dobrze wymieszaj i odłóż na bok.

b) Koper włoski obierz i przekrój każdą cebulę wzdłuż na pół. Każdą połówkę pokroić na 4 kliny. Do płynu dodać koper włoski, kawałki kurczaka, plastry klementynek, tymianek i nasiona kopru włoskiego. Dobrze wymieszaj rękoma, a następnie pozostaw do marynowania w lodówce na kilka godzin lub na noc (jeśli brakuje Ci czasu, możesz pominąć etap marynowania).

c) Rozgrzej piekarnik do 220°C/475°F. Przenieś kurczaka i jego marynatę na blachę do pieczenia wystarczająco dużą, aby pomieścić wszystko w jednej warstwie (około 12 na 14½ cala / 30 na 37 cm); skóra kurczaka powinna być skierowana do góry. Gdy piekarnik będzie wystarczająco nagrzany, włóż patelnię do piekarnika i piecz przez 35 do 45 minut, aż kurczak zmieni kolor i będzie ugotowany. Wyjmij z piekarnika.

d) Zdejmij kurczaka, koper włoski i klementynki z patelni i ułóż je na talerzu; przykryj i trzymaj w cieple. Płyn z gotowania wlać do małego rondla, postawić na średnim ogniu, doprowadzić do wrzenia i gotować na wolnym ogniu, aż sos zredukuje się o jedną trzecią, tak aby pozostało około ⅓ szklanki / 80 ml. Polej kurczaka ostrym sosem, udekoruj natką pietruszki i podawaj.

38. Pieczony Kurczak Z Karczochem Jerozolimskim

Sprawia: 4

SKŁADNIKI
- 450 g karczochów jerozolimskich, obranych i pokrojonych wzdłuż na 6 klinów o grubości 1,5 cm / ⅔ cala
- 3 łyżki świeżo wyciśniętego soku z cytryny
- 8 udek z kurczaka ze skórą i kością lub 1 średni cały kurczak pokrojony w ćwiartki
- 12 bananów lub innych dużych szalotek, przekrojonych wzdłuż na połówki
- 12 dużych ząbków czosnku, pokrojonych w plasterki
- 1 średnia cytryna, przekrojona wzdłuż na pół i następnie pokrojona w bardzo cienkie plasterki
- 1 łyżeczka nitek szafranu
- 3½ łyżki / 50 ml oliwy z oliwek
- ¾ szklanki / 150 ml zimnej wody
- 1¼ łyżki różowego pieprzu, lekko zmiażdżonego
- ¼ szklanki / 10 g świeżych liści tymianku
- 1 szklanka / 40 g posiekanych liści estragonu
- 2 łyżeczki soli
- ½ łyżeczki świeżo zmielonego czarnego pieprzu

INSTRUKCJE

a) Włóż karczochy jerozolimskie do średniego rondla, zalej dużą ilością wody i dodaj połowę soku z cytryny. Doprowadzić do wrzenia, zmniejszyć ogień i gotować na wolnym ogniu przez 10 do 20 minut, aż będzie miękka, ale nie miękka. Odcedzić i pozostawić do ostygnięcia.

b) Topinambur i wszystkie pozostałe składniki, z wyjątkiem pozostałego soku z cytryny i połowy estragonu, umieść w dużej misce i dobrze wymieszaj wszystko rękoma. Przykryj i pozostaw do marynowania w lodówce na noc lub co najmniej 2 godziny.

c) Rozgrzej piekarnik do 240°C/475°F. Ułóż kawałki kurczaka skórą do góry na środku brytfanny i rozłóż pozostałe składniki wokół kurczaka. Piec przez 30 minut. Przykryj patelnię folią aluminiową i piecz przez kolejne 15 minut. W tym momencie kurczak powinien być całkowicie ugotowany. Wyjmij z piekarnika i dodaj zarezerwowany estragon oraz sok z cytryny. Dobrze wymieszaj, posmakuj i w razie potrzeby dodaj więcej soli. Podawać na raz.

39. Gotowany kurczak z freekeh

Sprawia: 4 HOJNIE

SKŁADNIKI
- 1 mały kurczak z wolnego wybiegu, około 1,5 kg
- 2 długie laski cynamonu
- 2 średnie marchewki, obrane i pokrojone w plasterki o grubości ¾ cala / 2 cm
- 2 liście laurowe
- 2 pęczki pietruszki płaskolistnej (w sumie około 70 g)
- 2 duże cebule
- 2 łyżki oliwy z oliwek
- 2 szklanki / 300 g popękanego freekeh
- ½ łyżeczki mielonego ziela angielskiego
- ½ łyżeczki mielonej kolendry
- 2½ łyżki / 40 g niesolonego masła
- ⅔ szklanki / 60 g migdałów w plasterkach
- sól i świeżo zmielony czarny pieprz

INSTRUKCJE

a) Umieść kurczaka w dużym garnku wraz z cynamonem, marchewką, liśćmi laurowymi, 1 pęczkiem pietruszki i 1 łyżeczką soli. Pokrój 1 cebulę na ćwiartkę i dodaj do garnka. Dodaj zimną wodę, aby prawie przykryła kurczaka; doprowadzić do wrzenia i gotować na wolnym ogniu pod przykryciem przez 1 godzinę, od czasu do czasu usuwając olej i pianę z powierzchni.

b) Mniej więcej w połowie smażenia kurczaka pokrój drugą cebulę w cienkie plasterki i włóż ją do średniego rondla z oliwą z oliwek. Smażyć na średnim ogniu przez 12 do 15 minut, aż cebula stanie się złotobrązowa i miękka. Dodaj freekeh, ziele angielskie, kolendrę, ½ łyżeczki soli i trochę czarnego pieprzu. Dobrze wymieszaj, a następnie dodaj 2½ szklanki / 600 ml bulionu z kurczaka. Zwiększ ogień do średnio-wysokiego. Gdy bulion się zagotuje, przykryj patelnię i zmniejsz ogień. Gotuj na wolnym ogniu przez 20 minut, następnie zdejmij z ognia i pozostaw pod przykryciem na kolejne 20 minut.

c) Usuń liście z pozostałej pęczka pietruszki i posiekaj je, niezbyt drobno. Do ugotowanego freekehu dodać większość posiekanej natki pietruszki, wymieszać widelcem.

d) Wyjmij kurczaka z bulionu i połóż go na desce do krojenia. Ostrożnie odetnij piersi i pokrój je cienko pod kątem; usuń mięso z nóg i ud. Trzymaj kurczaka i freekeh w cieple.

e) Gdy wszystko będzie gotowe do podania, włóż masło, migdały i trochę soli na małą patelnię i smaż na złoty kolor. Rozłóż freekeh na pojedynczych naczyniach lub na jednym talerzu. Na wierzchu ułóż mięso z nóg i ud, a następnie ułóż na wierzchu plasterki piersi. Na koniec posypujemy migdałami, masłem i posypujemy natką pietruszki.

40. Kurczak z Ryżem Cebulą i Kardamonem

Sprawia: 4

SKŁADNIKI
- 3 łyżki / 40 g cukru
- 3 łyżki / 40 ml wody
- 2½ łyżki / 25 g berberysu (lub porzeczek)
- 4 łyżki oliwy z oliwek
- 2 średnie cebule, pokrojone w cienkie plasterki (w sumie 2 szklanki / 250 g)
- 1 kg udek z kurczaka ze skórą i kością lub 1 cały kurczak w ćwiartkach
- 10 strąków kardamonu
- zaokrąglone ¼ łyżeczki całych goździków
- 2 długie laski cynamonu, przełamane na pół
- 1⅔ szklanki / 300 g ryżu basmati
- 2¼ szklanki / 550 ml wrzącej wody
- 1½ łyżki / 5 g posiekanych liści pietruszki płaskolistnej
- ½ szklanki / 5 g posiekanych liści koperku
- ¼ szklanki / 5 g posiekanych liści kolendry
- ⅓ szklanki / 100 g jogurtu greckiego zmieszanego z 2 łyżkami oliwy z oliwek (opcjonalnie)
- sól i świeżo zmielony czarny pieprz

INSTRUKCJE

a) Do małego rondelka włóż cukier i wodę i podgrzewaj, aż cukier się rozpuści. Zdjąć z ognia, dodać berberys i odstawić do namoczenia. Jeśli używasz porzeczek, nie musisz ich moczyć w ten sposób.

b) W międzyczasie podgrzej połowę oliwy z oliwek na dużej patelni z pokrywką, na średnim ogniu, dodaj cebulę i smaż przez 10 do 15 minut, mieszając od czasu do czasu, aż cebula nabierze głębokiego złocistego koloru. Przełóż cebulę do małej miski i wytrzyj patelnię do czysta.

c) Umieść kurczaka w dużej misce i dopraw po 1 ½ łyżeczki soli i czarnego pieprzu. Dodaj pozostałą oliwę z oliwek, kardamon, goździki i cynamon i dobrze wymieszaj wszystko rękami. Ponownie rozgrzej patelnię i włóż na nią kurczaka wraz z przyprawami. Smaż przez 5 minut z każdej strony i zdejmij z patelni (jest to ważne, ponieważ kurczak jest częściowo ugotowany). Przyprawy mogą pozostać na patelni, ale nie martw się, jeśli przylgną do kurczaka. Usuń również większość pozostałego oleju, pozostawiając jedynie cienką warstwę na dnie. Dodaj ryż, karmelizowaną cebulę, 1 łyżeczkę soli i dużą ilość czarnego pieprzu. Odcedź berberysy i również je dodaj. Dobrze wymieszaj i włóż usmażonego kurczaka z powrotem na patelnię, wpychając go do ryżu.

d) Ryż i kurczaka zalać wrzącą wodą, przykryć patelnię i gotować na bardzo małym ogniu przez 30 minut. Zdejmij patelnię z ognia, zdejmij pokrywkę, szybko połóż na niej czystą ściereczkę i ponownie zamknij pokrywkę. Pozostaw naczynie w spokoju na kolejne 10 minut. Na koniec dodaj zioła, wymieszaj je widelcem i spulchnij ryż. Posmakuj i w razie potrzeby dodaj więcej soli i pieprzu. Podawać na gorąco lub na ciepło z jogurtem, jeśli lubisz.

41. Sałatka z kurczakiem i ziołami szafranowymi

Sprawia: 6

SKŁADNIKI
- 1 pomarańcza
- 2½ łyżki / 50 g miodu
- ½ łyżeczki nitek szafranu
- 1 łyżka białego octu winnego
- 1¼ szklanki / około 300 ml wody
- 2¼ funta / 1 kg piersi z kurczaka bez skóry i kości
- 4 łyżki oliwy z oliwek
- 2 małe cebule kopru włoskiego, pokrojone w cienkie plasterki
- 1 szklanka / 15 g zerwanych liści kolendry
- ⅔ szklanki / 15 g porwanych liści bazylii
- 15 zerwanych liści mięty, podartych
- 2 łyżki świeżo wyciśniętego soku z cytryny
- 1 czerwone chili, pokrojone w cienkie plasterki
- 1 ząbek czosnku, zmiażdżony
- sól i świeżo zmielony czarny pieprz

INSTRUKCJE

a) Rozgrzej piekarnik do 200°C/400°F. Przytnij i odrzuć 1 cm od góry i ogona pomarańczy, a następnie pokrój ją na 12 klinów, zachowując skórkę. Usuń wszelkie nasiona.

b) Umieść kliny w małym rondlu z miodem, szafranem, octem i taką ilością wody, aby przykryła kawałki pomarańczy. Doprowadzić do wrzenia i gotować na wolnym ogniu przez około godzinę. Na sam koniec powinna zostać miękka pomarańcza i około 3 łyżki gęstego syropu; dodać wody podczas gotowania, jeśli płynu jest bardzo mało. Za pomocą robota kuchennego zmiksuj pomarańczę i syrop na gładką, płynną pastę; ponownie, jeśli potrzeba, dodaj trochę wody.

c) Wymieszaj pierś kurczaka z połową oliwy z oliwek, dużą ilością soli i pieprzu i umieść na bardzo gorącej patelni grillowej. Smaż przez około 2 minuty z każdej strony, aby uzyskać wyraźne ślady zwęglenia na całej powierzchni. Przełożyć na blachę do pieczenia i wstawić do piekarnika na 15–20 minut, aż będzie ugotowane.

d) Gdy kurczak będzie wystarczająco zimny, aby można go było nieść, ale wciąż ciepły, rozerwij go rękami na szorstkie, dość duże kawałki. Przełożyć do dużej miski, zalać połową pasty pomarańczowej i dobrze wymieszać. (Drugą połowę możesz przetrzymać w lodówce przez kilka dni. Będzie dobrym dodatkiem do salsy ziołowej podawanej z tłustymi rybami, takimi jak makrela czy łosoś.) Do sałatki dodaj pozostałe składniki, w tym resztę oliwę z oliwek i delikatnie wymieszaj. Posmakuj, dodaj sól i pieprz, a w razie potrzeby dodaj więcej oliwy z oliwek i soku z cytryny.

42. Sofrito z kurczaka

SKŁADNIKI

- 1 łyżka oleju słonecznikowego
- 1 mały kurczak z wolnego wybiegu, około 1,5 kg, pokrojony w motyle lub poćwiartowany
- 1 łyżeczka słodkiej papryki
- ¼ łyżeczki mielonej kurkumy
- ¼ łyżeczki cukru
- 2½ łyżki świeżo wyciśniętego soku z cytryny
- 1 duża cebula, obrana i pokrojona w ćwiartki
- olej słonecznikowy do smażenia
- 750 g ziemniaków Yukon Gold, obranych, umytych i pokrojonych w 2-centymetrowe kostki
- 25 ząbków czosnku, nieobranych
- sól i świeżo zmielony czarny pieprz

INSTRUKCJE

a) Wlać olej do dużej, płytkiej patelni lub piekarnika holenderskiego i postawić na średnim ogniu. Połóż kurczaka na patelni, skórą do dołu i smaż przez 4 do 5 minut, aż uzyska złoty kolor. Całość dopraw papryką, kurkumą, cukrem, ¼ łyżeczki soli, dobrze zmielonym czarnym pieprzem i 1 ½ łyżki soku z cytryny. Odwróć kurczaka skórą do góry, dodaj cebulę na patelnię i przykryj pokrywką. Zmniejsz ogień do niskiego i gotuj łącznie przez około 1,5 godziny; obejmuje to czas gotowania kurczaka z ziemniakami. Od czasu do czasu podnieś pokrywkę, aby sprawdzić ilość płynu na dnie patelni. Pomysł jest taki, aby kurczak gotował się na parze we własnym sosie, ale konieczne może być dodanie odrobiny wrzącej wody, tak aby na dnie patelni zawsze znajdowało się 5 mm płynu.

b) Po około 30 minutach smażenia kurczaka wlej olej słonecznikowy do średniego rondla na głębokość 3 cm i postaw na średnio-wysokim ogniu. Smaż ziemniaki i czosnek w kilku partiach przez około 6 minut na partię, aż nabiorą koloru i staną się chrupiące. Łyżką cedzakową wyjmij każdą porcję z oleju na ręczniki papierowe, a następnie posyp solą.

c) Po 1 godzinie gotowania kurczaka zdejmij go z patelni i dodaj smażone ziemniaki i czosnek, mieszając je z sosem z gotowania. Włóż kurczaka z powrotem na patelnię, kładąc go na ziemniakach na pozostałą część czasu gotowania, czyli 30 minut. Kurczak powinien odchodzić od kości, a ziemniaki namoczone w płynie z gotowania powinny być całkowicie miękkie. Podczas serwowania skrop pozostałym sokiem z cytryny.

43. Kofta B'siniyah

Robi: 18 KOFTA

SKŁADNIKI
- ⅔ szklanki / 150 g jasnej pasty tahini
- 3 łyżki świeżo wyciśniętego soku z cytryny
- ½ szklanki / 120 ml wody
- 1 średni ząbek czosnku, zmiażdżony
- 2 łyżki oleju słonecznikowego
- 2 łyżki / 30 g niesolonego masła lub ghee (opcjonalnie)
- prażone orzeszki piniowe, do dekoracji
- drobno posiekana natka pietruszki, do dekoracji
- słodka papryka do dekoracji
- sól

KOFTA
- 400 g mielonej jagnięciny
- 400 g mielonej cielęciny lub wołowiny
- 1 mała cebula (około 150 g), drobno posiekana
- 2 duże ząbki czosnku, zmiażdżone
- 7 łyżek / 50 g prażonych orzeszków piniowych, grubo posiekanych
- ½ szklanki / 30 g drobno posiekanej natki pietruszki płaskolistnej
- 1 duże, średnio ostre czerwone chili, pozbawione nasion i drobno posiekane
- 1 ½ łyżeczki mielonego cynamonu
- 1 ½ łyżeczki mielonego ziela angielskiego
- ¾ łyżeczki startej gałki muszkatołowej
- 1 ½ łyżeczki świeżo zmielonego czarnego pieprzu
- 1 ½ łyżeczki soli

INSTRUKCJE

a) Wszystkie składniki kofty włóż do miski i dobrze wymieszaj rękoma. Teraz uformuj długie palce przypominające torpedę, o długości około 8 cm (około 60 g każdy). Naciśnij mieszankę, aby ją skompresować i upewnij się, że każda kofta jest ciasna i zachowuje swój kształt. Ułóż na talerzu i schładzaj, aż będziesz gotowy do ugotowania, maksymalnie 1 dzień.

b) Rozgrzej piekarnik do 220°C/425°F. W średniej misce wymieszaj pastę tahini, sok z cytryny, wodę, czosnek i ¼ łyżeczki soli. Sos powinien być nieco rzadszy niż miód; w razie potrzeby dodać 1 do 2 łyżek wody.

c) Rozgrzej olej słonecznikowy na dużej patelni na dużym ogniu i podsmaż koftę. Zrób to partiami, aby nie były ciasne. Obsmaż je ze wszystkich stron na złoty kolor, około 6 minut na partię. Na tym etapie powinny być średnio rzadkie. Wyjmij z formy i ułóż na blasze do pieczenia. Jeśli chcesz je upiec średnio lub dobrze wypieczone, włóż teraz blachę do pieczenia do piekarnika na 2 do 4 minut.

d) Rozprowadź sos tahini wokół kofty tak, aby zakrył dno patelni. Jeśli chcesz, posmaruj także koftę, ale zostaw część mięsa odkrytą. Wstaw do piekarnika na minutę lub dwie, aby sos trochę się rozgrzał.

e) W międzyczasie, jeśli używasz masła, rozpuść je w małym rondlu i poczekaj, aż lekko się zrumieni, uważając, aby się nie przypaliło. Po wyjęciu z piekarnika połóż koftę na maśle. Posypać orzeszkami piniowymi i natką pietruszki, a następnie posypać papryką. Podawać na raz.

44. Pulpety Wołowe Z Fasolą Fava I Cytryną

Na około 20 klopsików

SKŁADNIKI
- 4½ łyżki oliwy z oliwek
- 2⅓ szklanki / 350 g fasoli fava, świeżej lub mrożonej
- 4 całe gałązki tymianku
- 6 ząbków czosnku, pokrojonych w plasterki
- 8 zielonych cebul, pokrojonych pod kątem na 2-centymetrowe segmenty
- 2½ łyżki świeżo wyciśniętego soku z cytryny
- 2 szklanki / 500 ml bulionu z kurczaka
- sól i świeżo zmielony czarny pieprz
- po 1 ½ łyżeczki posiekanej natki pietruszki, mięty, koperku i kolendry na wykończenie

KLOPSY
- 300 g mielonej wołowiny
- 150 g mielonej jagnięciny
- 1 średnia cebula, drobno posiekana
- 1 szklanka / 120 g bułki tartej
- Po 2 łyżki posiekanej natki pietruszki, mięty, koperku i kolendry
- 2 duże ząbki czosnku, zmiażdżone
- 4 łyżeczki mieszanki przypraw Baharat (kupiona w sklepie lub zobacz przepis)
- 4 łyżeczki mielonego kminku
- 2 łyżeczki kaparów, posiekanych
- 1 jajko, ubite

INSTRUKCJE

a)   Wszystkie składniki na klopsiki umieścić w dużej misce do miksowania. Dodaj ¾ łyżeczki soli i dużą ilość czarnego pieprzu i dobrze wymieszaj rękami. Formuj kulki mniej więcej tej samej wielkości co piłeczki do ping-ponga. Rozgrzej 1 łyżkę oliwy z oliwek na średnim ogniu na bardzo dużej patelni z pokrywką.

Podsmaż połowę klopsików, obracając je, aż będą całe brązowe, około 5 minut. Wyjmij, dodaj kolejne 1½ łyżeczki oliwy z oliwek na patelnię i usmaż drugą porcję klopsików. Zdjąć z patelni i wytrzeć do czysta.

b) W czasie gdy klopsiki się gotują, fasolę fava wrzucamy do garnka z dużą ilością osolonego wrzątku i blanszujemy przez 2 minuty. Odcedzić i odświeżyć pod zimną wodą. Usuń skórkę z połowy fasoli fava i wyrzuć skórki.

c) Na tej samej patelni, na której smażyłeś klopsiki, rozgrzej pozostałe 3 łyżki oliwy z oliwek na średnim ogniu. Dodaj tymianek, czosnek i zieloną cebulę i smaż przez 3 minuty. Dodać nieobraną fasolę fava, 1½ łyżki soku z cytryny, ⅓ szklanki / 80 ml bulionu, ¼ łyżeczki soli i dużą ilość czarnego pieprzu. Fasola powinna być prawie pokryta płynem. Przykryj patelnię i gotuj na małym ogniu przez 10 minut.

d) Włóż klopsiki z powrotem na patelnię z fasolą fava. Dodaj pozostały bulion, przykryj patelnię i gotuj na wolnym ogniu przez 25 minut. Spróbuj sosu i dopraw go. Jeśli jest bardzo rzadkie, zdejmij pokrywkę i lekko zredukuj. Gdy klopsiki przestaną się gotować, wchłoną dużo soku, więc upewnij się, że w tym momencie jest jeszcze dużo sosu. Możesz teraz zostawić klopsiki z ognia, aż będą gotowe do podania.

e) Tuż przed podaniem odgrzej klopsiki i w razie potrzeby dodaj odrobinę wody, aby uzyskać odpowiednią ilość sosu. Dodać pozostałe zioła, pozostałą 1 łyżkę soku z cytryny oraz obraną fasolę fava i bardzo delikatnie wymieszać. Natychmiast podawaj.

45. Pulpety Jagnięce Z Berberysem, Jogurtem I Ziołami

Na około 20 klopsików

SKŁADNIKI
- 1⅔ funta / 750 g mielonej jagnięciny
- 2 średnie cebule, drobno posiekane
- ⅔ uncji / 20 g pietruszki płaskolistnej, drobno posiekanej
- 3 ząbki czosnku, zmiażdżone
- ¾ łyżeczki zmielonego ziela angielskiego
- ¾ łyżeczki mielonego cynamonu
- 6 łyżek / 60 g berberysu
- 1 duże jajko z wolnego wybiegu
- 6½ łyżki / 100 ml oleju słonecznikowego
- 700 g banana lub innej dużej szalotki, obranej
- ¾ szklanki plus 2 łyżki / 200 ml białego wina
- 2 szklanki / 500 ml bulionu z kurczaka
- 2 liście laurowe
- 2 gałązki tymianku
- 2 łyżeczki cukru
- 150 g suszonych fig
- 1 szklanka / 200 g jogurtu greckiego
- 3 łyżki mieszanki mięty, kolendry, kopru i estragonu, grubo porwanych
- sól i świeżo zmielony czarny pieprz

INSTRUKCJE

a) W dużej misce umieść jagnięcinę, cebulę, pietruszkę, czosnek, ziele angielskie, cynamon, berberys, jajko, 1 łyżeczkę soli i ½ łyżeczki czarnego pieprzu. Wymieszaj rękami, a następnie uformuj kulki wielkości piłek golfowych.

b) Rozgrzej jedną trzecią oleju na średnim ogniu w dużym garnku o grubym dnie i szczelnie przylegającej pokrywce. Włóż kilka klopsików, smaż i obracaj przez kilka minut, aż wszystkie się zarumienią. Wyjmij z garnka i odłóż na bok. W ten sam sposób ugotuj pozostałe klopsiki.

c) Wytrzyj garnek do czysta i dodaj pozostały olej. Dodaj szalotki i smaż je na średnim ogniu przez 10 minut, często mieszając, aż uzyskają złoty kolor. Dodaj wino, pozostaw do bulgotania na minutę lub dwie, następnie dodaj bulion z kurczaka, liście laurowe, tymianek, cukier oraz trochę soli i pieprzu. Ułóż figi i klopsiki pomiędzy szalotkami i na nich; klopsiki muszą być prawie pokryte płynem. Doprowadź do wrzenia, przykryj pokrywką, zmniejsz ogień do bardzo małego i gotuj na wolnym ogniu przez 30 minut. Zdejmij pokrywkę i gotuj na wolnym ogniu przez około godzinę, aż sos zredukuje się, a jego smak nabierze intensywności. Posmakuj i w razie potrzeby dodaj sól i pieprz.

d) Przełożyć do dużego, głębokiego naczynia do serwowania. Jogurt ubić, polać na wierzch i posypać ziołami.

46. Burgery z Indykiem i Cukinią, Z Zielonej Cebulą i Kminkiem

Na: OKOŁO 18 BURGERÓW

SKŁADNIKI
- 1 lb / 500 g mielonego indyka
- 1 duża cukinia, grubo starta (2 szklanki / łącznie 200 g)
- 3 zielone cebule, pokrojone w cienkie plasterki
- 1 duże jajko z wolnego wybiegu
- 2 łyżki posiekanej mięty
- 2 łyżki posiekanej kolendry
- 2 ząbki czosnku, zmiażdżone
- 1 łyżeczka mielonego kminku
- 1 łyżeczka soli
- ½ łyżeczki świeżo zmielonego czarnego pieprzu
- ½ łyżeczki pieprzu cayenne
- około 6½ łyżki / 100 ml oleju słonecznikowego do podsmażenia

SOS ŚMIETANOWY I SUMAK
- ½ szklanki / 100 g kwaśnej śmietany
- ⅔ szklanki / 150 g jogurtu greckiego
- 1 łyżeczka startej skórki z cytryny
- 1 łyżka świeżo wyciśniętego soku z cytryny
- 1 mały ząbek czosnku, zmiażdżony
- 1 ½ łyżki oliwy z oliwek
- 1 łyżka sumaku
- ½ łyżeczki soli
- ¼ łyżeczki świeżo zmielonego czarnego pieprzu

INSTRUKCJE

a) Najpierw przygotuj sos śmietanowy, umieszczając wszystkie składniki w małej misce. Dobrze wymieszaj i odłóż na bok lub ostudź do momentu użycia.

b) Rozgrzej piekarnik do 220°C/425°F. W dużej misce wymieszaj wszystkie składniki na klopsiki oprócz oleju słonecznikowego.

Wymieszaj rękami, a następnie uformuj około 18 burgerów, każdy o wadze około 1½ uncji / 45 g.

c) Na dużą patelnię wlej wystarczającą ilość oleju słonecznikowego, aby na dnie patelni utworzyła się warstwa o grubości około 1/16 cala / 2 mm. Podgrzewaj na średnim ogniu, aż będą gorące, a następnie obsmaż klopsiki partiami ze wszystkich stron. Smaż każdą porcję przez około 4 minuty, dodając w razie potrzeby olej, aż uzyskasz złoty kolor.

d) Ostrożnie przenieś smażone klopsiki na blachę do pieczenia wyłożoną woskowanym papierem i włóż do piekarnika na 5 do 7 minut lub do momentu, aż będą ugotowane. Podawać na ciepło lub w temperaturze pokojowej, z sosem polanym łyżką lub obok.

47. Wolno Gotowana Cielęcina Z Śliwkami I Porem

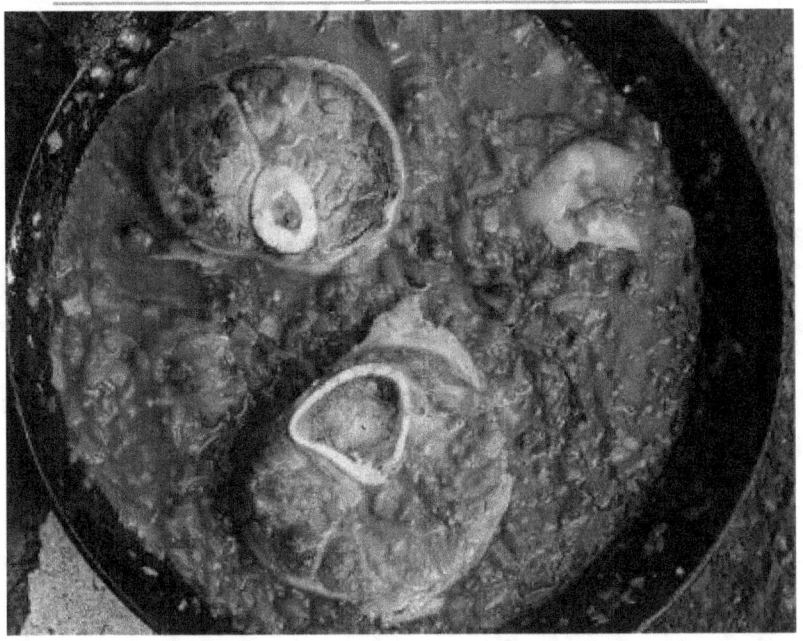

Sprawia: 4 HOJNIE

SKŁADNIKI
- ½ szklanki / 110 ml oleju słonecznikowego
- 4 duże steki osso buco z kością (w sumie około 1 kg)
- 2 duże cebule, drobno posiekane (w sumie około 3 filiżanek / 500 g)
- 3 ząbki czosnku, zmiażdżone
- 6½ łyżki / 100 ml białego wytrawnego wina
- 1 szklanka / 250 ml bulionu z kurczaka lub wołowiny
- jedna puszka posiekanych pomidorów o pojemności 14 uncji / 400 g
- 5 gałązek tymianku, listki drobno posiekane
- 2 liście laurowe
- skórka z ½ pomarańczy, w paski
- 2 małe laski cynamonu
- ½ łyżeczki mielonego ziela angielskiego
- 2-gwiazdkowy anyż
- 6 dużych porów, tylko biała część (w sumie 800 g), pokrojonych w 1,5 cm plasterki
- 200 g miękkich śliwek, bez pestek
- sól i świeżo zmielony czarny pieprz
- SŁUŻYĆ
- ½ szklanki / 120 g jogurtu greckiego
- 2 łyżki drobno posiekanej natki pietruszki płaskolistnej
- 2 łyżki startej skórki z cytryny
- 2 ząbki czosnku, zmiażdżone

INSTRUKCJE
a) Rozgrzej piekarnik do 180°C/350°F.
b) W dużym rondlu o grubym dnie rozgrzej 2 łyżki oliwy na dużym ogniu. Smaż kawałki cielęciny po 2 minuty z każdej strony, dobrze zarumieniając mięso. Przełożyć na durszlak, aby odsączyć na czas przygotowywania sosu pomidorowego.

c) Usuń większość tłuszczu z patelni, dodaj jeszcze 2 łyżki oliwy, dodaj cebulę i czosnek. Wróć do średniego ognia i smaż, od czasu do czasu mieszając i zdrapując dno patelni drewnianą łyżką, przez około 10 minut, aż cebula będzie miękka i złocista. Dodać wino, doprowadzić do wrzenia i gotować energicznie przez 3 minuty, aż większość odparuje. Dodać połowę bulionu, pomidory, tymianek, zatokę, skórkę pomarańczową, cynamon, ziele angielskie, anyż gwiazdkowaty, 1 łyżeczkę soli i trochę czarnego pieprzu. Dobrze wymieszaj i zagotuj. Do sosu dodać kawałki cielęciny i wymieszać, żeby się nią pokryło.

d) Przenieś cielęcinę i sos do głębokiej formy do pieczenia o wymiarach około 13 na 9½ cala / 33 na 24 cm i równomiernie rozprowadź. Przykryj folią aluminiową i włóż do piekarnika na 2,5 godziny. Podczas gotowania sprawdź kilka razy, czy sos nie staje się zbyt gęsty i nie przypala się po bokach; prawdopodobnie będziesz musiał dodać trochę wody, aby temu zapobiec. Mięso jest gotowe, gdy łatwo odchodzi od kości. Wyjmij cielęcinę z sosu i włóż ją do dużej miski. Kiedy mięso ostygnie, oddziel całe mięso od kości i za pomocą małego noża zeskrob cały szpik. Wyrzuć kości.

e) Na osobnej patelni rozgrzać pozostały olej i dobrze zrumienić pory na dużym ogniu przez około 3 minuty, od czasu do czasu mieszając. Połóż je na sosie pomidorowym. Następnie na patelni, na której zrobiłeś sos pomidorowy, wymieszaj suszone śliwki, pozostały bulion, szarpane mięso i szpik kostny, po czym polej porami. Ponownie przykryj folią i kontynuuj gotowanie przez kolejną godzinę. Po wyjęciu z piekarnika spróbuj i dopraw solą, a w razie potrzeby większą ilością czarnego pieprzu.

f) Podawać na gorąco, posypane łyżką zimnego jogurtu i posypane mieszanką pietruszki, skórki cytrynowej i czosnku.

48. Shawarma jagnięca

Robi: 8

SKŁADNIKI
- 2 łyżeczki czarnego pieprzu
- 5 całych goździków
- ½ łyżeczki strąków kardamonu
- ¼ łyżeczki nasion kozieradki
- 1 łyżeczka nasion kopru włoskiego
- 1 łyżka nasion kminku
- 1 gwiazdka anyżu
- ½ laski cynamonu
- ½ całej gałki muszkatołowej, startej
- ¼ łyżeczki mielonego imbiru
- 1 łyżka słodkiej papryki
- 1 łyżka sumaku
- 2½ łyżeczki soli morskiej Maldon
- 25 g świeżego imbiru, startego
- 3 ząbki czosnku, zmiażdżone
- ⅔ szklanki / 40 g posiekanej kolendry, łodyg i liści
- ¼ szklanki / 60 ml świeżo wyciśniętego soku z cytryny
- ½ szklanki / 120 ml oleju arachidowego
- 1 udziec jagnięcy z kością, około 2,5 do 3 kg / 5½ do 6½ funta
- 1 szklanka / 240 ml wrzącej wody

INSTRUKCJE

a) Umieść pierwszych 8 składników na żeliwnej patelni i piecz na sucho na średnim ogniu przez minutę lub dwie, aż przyprawy zaczną strzelać i uwolnić swój aromat. Uważaj, aby ich nie spalić. Dodaj gałkę muszkatołową, imbir i paprykę, mieszaj jeszcze przez kilka sekund, tak aby je podgrzać, a następnie przełóż do młynka. Przyprawy zmiksuj na jednolity proszek. Przenieś do średniej miski i wymieszaj wszystkie pozostałe składniki oprócz jagnięciny.

b) Małym, ostrym nożem natnij udziec jagnięcy w kilku miejscach, robiąc w tłuszczu i mięsie nacięcia o głębokości ⅔ cala

/ 1,5 cm, aby marynata mogła wniknąć do środka. Umieścić w dużej brytfance i natrzeć całą powierzchnię marynatą jagnię; dobrze masuj mięso rękami. Przykryj patelnię folią aluminiową i odstaw na co najmniej kilka godzin, a najlepiej na noc.

c) Rozgrzej piekarnik do 170°C/325°F.

d) Włóż jagnięcinę do piekarnika tłustą stroną do góry i piecz w sumie około 4,5 godziny, aż mięso będzie całkowicie miękkie. Po 30 minutach pieczenia na patelnię wlej wrzącą wodę i mniej więcej co godzinę polewaj nią mięso. W razie potrzeby dodaj więcej wody, upewniając się, że na dnie patelni zawsze pozostaje około 0,5 cm. Na ostatnie 3 godziny przykryj jagnięcinę folią, aby przyprawy się nie przypaliły. Po zakończeniu wyjmij jagnięcinę z piekarnika i odstaw ją na 10 minut przed pokrojeniem i podaniem.

e) Naszym zdaniem najlepszy sposób na podanie tego dania inspirowany jest najsłynniejszą w Izraelu restauracją szakshuki (ZOBACZ PRZEPIS), Dr Shakshuka w Jaffie, której właścicielem jest Bino Gabso. Weź sześć pojedynczych kieszeni pita i posmaruj je obficie środkiem smarowanym, mieszając razem ⅔ szklanki / 120 g posiekanych pomidorów z puszki, 2 łyżeczki / 20 g pasty harissa, 4 łyżeczki / 20 g koncentratu pomidorowego, 1 łyżkę oliwy z oliwek i trochę soli i pieprz. Gdy jagnięcina będzie gotowa, podgrzej pitas na gorącej, prążkowanej patelni grillowej, aż po obu stronach uzyskają ładne ślady zwęglenia. Ciepłą jagnięcinę pokrój w paski o długości 1,5 cm/⅔ cala. Ułóż je wysoko na każdej ciepłej pita, polej łyżką odrobiny płynu z pieczenia z patelni, zredukowanego i wykończ posiekaną cebulą, posiekaną natką pietruszki i posypką sumaka. I nie zapomnij o świeżym ogórku i pomidorze. To niebiańskie danie.

49. Smażony okoń morski z harissą i różą

Daje: 2 DO 4

SKŁADNIKI

- 3 łyżki pasty harissa (kupiona w sklepie lub zobacz przepis)
- 1 łyżeczka mielonego kminku
- 4 filety z okonia morskiego, łącznie około 450 g, pozbawione skóry i usuniętych ości
- mąka uniwersalna, do podsypywania
- 2 łyżki oliwy z oliwek
- 2 średnie cebule, drobno posiekane
- 6½ łyżki / 100 ml czerwonego octu winnego
- 1 łyżeczka mielonego cynamonu
- 1 szklanka / 200 ml wody
- 1 ½ łyżki miodu
- 1 łyżka wody różanej
- ½ szklanki / 60 g porzeczek (opcjonalnie)
- 2 łyżki grubo posiekanej kolendry (opcjonalnie)
- 2 łyżeczki małych suszonych jadalnych płatków róż
- sól i świeżo zmielony czarny pieprz

INSTRUKCJE

a) Najpierw marynuj rybę. W małej misce wymieszaj połowę pasty harissa, mielony kminek i ½ łyżeczki soli. Nasmaruj pastą całe filety rybne i pozostaw je do marynowania na 2 godziny w lodówce.

b) Filety oprósz odrobiną mąki i strząśnij jej nadmiar. Na szerokiej patelni rozgrzej oliwę z oliwek na średnim ogniu i smaż filety po 2 minuty z każdej strony. Być może trzeba będzie to zrobić w dwóch partiach. Odłóż rybę na bok, zostaw olej na patelni i dodaj cebulę. Mieszaj i smaż przez około 8 minut, aż cebula stanie się złocista.

c) Dodaj pozostałą harissę, ocet, cynamon, ½ łyżeczki soli i dużą ilość czarnego pieprzu. Wlej wodę, zmniejsz ogień i gotuj sos na wolnym ogniu przez 10 do 15 minut, aż sos będzie dość gęsty.

d) Dodaj miód i wodę różaną do rondla wraz z porzeczkami, jeśli używasz, i delikatnie gotuj na wolnym ogniu przez kolejne kilka minut. Posmakuj i dopraw, a następnie włóż ponownie filety rybne na patelnię; możesz je lekko na siebie nałożyć, jeśli nie do końca pasują. Łyżką polej rybę sosem i pozostaw ją do ogrzania w gotującym się sosie na 3 minuty; być może trzeba będzie dodać kilka łyżek wody, jeśli sos jest bardzo gęsty. Podawać na ciepło lub w temperaturze pokojowej, posypane kolendrą, jeśli używasz, i płatkami róż.

50. Kebaby rybno-kaparowe z palonym bakłażanem i marynatą cytrynową

Na: 12 KEBABÓW

SKŁADNIKI
- 2 średnie bakłażany (w sumie około 750 g)
- 2 łyżki jogurtu greckiego
- 1 ząbek czosnku, zmiażdżony
- 2 łyżki posiekanej natki pietruszki płaskolistnej
- około 2 łyżek oleju słonecznikowego do smażenia
- 2 łyżeczki szybko marynowanych cytryn
- sól i świeżo zmielony czarny pieprz
- RYBNY KEBAB
- 400 g filetów z plamiaka lub innej białej ryby, pozbawionych skóry i usuniętych ości
- ½ szklanki / 30 g świeżej bułki tartej
- ½ dużego, ubitego jajka z wolnego wybiegu
- 2½ łyżki / 20 g kaparów, posiekanych
- ⅔ uncji / 20 g posiekanego koperku
- 2 zielone cebule, drobno posiekane
- otarta skórka z 1 cytryny
- 1 łyżka świeżo wyciśniętego soku z cytryny
- ¾ łyżeczki mielonego kminku
- ½ łyżeczki mielonej kurkumy
- ½ łyżeczki soli
- ¼ łyżeczki mielonego białego pieprzu

INSTRUKCJE

a) Zacznij od bakłażanów. Spal, obierz i osusz miąższ bakłażana, postępując zgodnie z instrukcjami zawartymi w przepisie na spalony bakłażan z czosnkiem, cytryną i pestkami granatu . Po dokładnym odsączeniu miąższ drobno posiekaj i włóż do miski. Dodaj jogurt, czosnek, pietruszkę, 1 łyżeczkę soli i dużą ilość czarnego pieprzu. Odłożyć na bok.

b) Rybę pokroić w bardzo cienkie plasterki, o grubości zaledwie około ⅙ cala / 2 mm. Plasterki pokroić w drobną kostkę i włożyć do średniej miski do miksowania. Dodaj pozostałe składniki i dobrze wymieszaj. Zwilż dłonie i uformuj z mieszanki 12 kotletów lub palców, każdy o wadze około 45 g. Ułożyć na talerzu, przykryć folią spożywczą i wstawić do lodówki na co najmniej 30 minut.

c) Na patelnię wlać tyle oleju, aby na dnie utworzył się cienki film i postawić na średnim ogniu. Gotuj kebaby partiami przez 4 do 6 minut na każdą partię, obracając, aż zrumienią się ze wszystkich stron i będą ugotowane.

d) Podawaj kebaby jeszcze gorące, po 3 sztuki na porcję, z przypalonym bakłażanem i niewielką ilością marynowanej cytryny (uważaj, cytryny mają tendencję do dominacji).

51. Makrela smażona na patelni ze złocistym burakiem i salsą pomarańczową

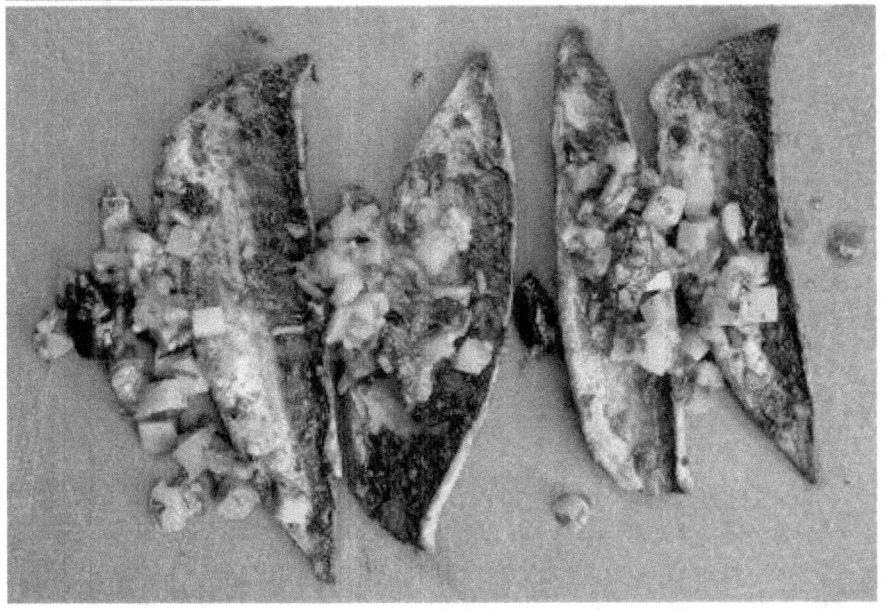

Sprawia: 4 JAKO STARTER

SKŁADNIKI
- 1 łyżka pasty harissa (kupiona w sklepie lub zobacz przepis)
- 1 łyżeczka mielonego kminku
- 4 filety z makreli (w sumie około 260 g) ze skórą
- 1 średni burak złocisty (w sumie 100 g)
- 1 średnia pomarańcza
- 1 mała cytryna przekrojona wzdłuż na pół
- ¼ szklanki / 30 g oliwek Kalamata bez pestek, przekrojonych wzdłuż na ćwiartki
- ½ małej czerwonej cebuli, drobno posiekanej (¼ szklanki / łącznie 40 g)
- ¼ szklanki / 15 g posiekanej natki pietruszki płaskolistnej
- ½ łyżeczki nasion kolendry, uprażonych i rozgniecionych
- ¾ łyżeczki nasion kminku, uprażonych i pokruszonych
- ½ łyżeczki słodkiej papryki
- ½ łyżeczki płatków chili
- 1 łyżka oleju z orzechów laskowych lub orzechów włoskich
- ½ łyżeczki oliwy z oliwek
- sól

INSTRUKCJE
a) Wymieszaj pastę harissa, mielony kminek i szczyptę soli i wetrzyj tę mieszankę w filety z makreli. Odstawić do lodówki do momentu ugotowania.

b) Buraki gotuj w dużej ilości wody przez około 20 minut (w zależności od odmiany może to zająć znacznie dłużej), aż wbijesz w nie patyczek. Pozostawić do ostygnięcia, następnie obrać, pokroić w kostkę o średnicy ¼ cala / 0,5 cm i włożyć do miski miksującej.

c) Obierz pomarańczę i 1 połówkę cytryny, pozbywając się zewnętrznego miąższu i pokrój je na ćwiartki. Usuń środkowy rdzeń i wszelkie nasiona, a miąższ pokrój w kostkę o średnicy ¼ cala / 0,5 cm. Do buraków dodać razem z oliwkami, czerwoną cebulą i natką pietruszki.

d) W osobnej misce wymieszaj przyprawy, sok z pozostałej połówki cytryny i olej orzechowy. Całość wylewamy na mieszankę buraków i pomarańczy, mieszamy i doprawiamy do smaku solą. Najlepiej pozostawić salsę w temperaturze pokojowej na co najmniej 10 minut, aby wszystkie smaki się połączyły.

e) Tuż przed podaniem rozgrzej oliwę z oliwek na dużej patelni z powłoką nieprzywierającą na średnim ogniu. Połóż filety z makreli skórą do dołu na patelni i smaż, obracając raz, przez około 3 minuty, aż będą ugotowane. Przełożyć na talerze i posypać salsą.

52. Ciasteczka z dorsza w sosie pomidorowym

Sprawia: 4

SKŁADNIKI
- 3 kromki białego chleba, bez skórki (w sumie około 60 g)
- 1⅓ funta / 600 g filetu z dorsza, halibuta, morszczuka lub mintaja, pozbawionego skóry i usuniętych ości
- 1 średnia cebula, drobno posiekana (w sumie około 1 szklanki / 150 g)
- 4 ząbki czosnku, zmiażdżone
- 30 g pietruszki płaskolistnej, drobno posiekanej
- 30 g kolendry, drobno posiekanej
- 1 łyżka mielonego kminku
- 1 ½ łyżeczki soli
- 2 bardzo duże ubite jajka z wolnego wybiegu
- 4 łyżki oliwy z oliwek
- SOS POMIDOROWY
- 2 ½ łyżki oliwy z oliwek
- 1 ½ łyżeczki mielonego kminku
- ½ łyżeczki słodkiej papryki
- 1 łyżeczka mielonej kolendry
- 1 średnia cebula, posiekana
- ½ szklanki / 125 ml białego wytrawnego wina
- jedna puszka posiekanych pomidorów o pojemności 14 uncji / 400 g
- 1 czerwone chili, pozbawione nasion i drobno posiekane
- 1 ząbek czosnku, zmiażdżony
- 2 łyżeczki drobnego cukru
- 2 łyżki liści mięty, grubo posiekanych
- sól i świeżo zmielony czarny pieprz

INSTRUKCJE
a) Najpierw przygotuj sos pomidorowy. Na bardzo dużej patelni z pokrywką rozgrzej oliwę z oliwek na średnim ogniu. Dodaj przyprawy i cebulę i smaż przez 8 do 10 minut, aż cebula będzie

całkowicie miękka. Dodać wino i dusić przez 3 minuty. Dodaj pomidory, chili, czosnek, cukier, ½ łyżeczki soli i trochę czarnego pieprzu. Gotować około 15 minut, aż masa będzie dość gęsta. Posmakuj, aby dostosować przyprawy i odłóż na bok.

b) Podczas gdy sos się gotuje, przygotuj placki rybne. Włóż chleb do robota kuchennego i zmiksuj, tworząc okruchy chleba. Rybę bardzo drobno posiekaj i włóż do miski razem z pieczywem i wszystkim innym oprócz oliwy z oliwek. Dobrze wymieszaj, a następnie za pomocą rąk uformuj z powstałej masy zwarte ciasteczka o grubości około 2 cm i średnicy 8 cm. Powinno wyjść 8 ciastek. Jeśli są bardzo miękkie, włóż je do lodówki na 30 minut, aby stwardniały. (Możesz także dodać do mieszanki trochę suszonej bułki tartej, ale rób to oszczędnie, ciasta muszą być dość mokre.)

c) Rozgrzej połowę oliwy z oliwek na patelni na średnim ogniu, włóż połowę ciastek i smaż przez 3 minuty z każdej strony, aż uzyskają ładny kolor. Powtórz tę czynność z pozostałymi ciastami i oliwą.

d) Delikatnie ułóż podsmażone ciasta obok siebie w sosie pomidorowym; możesz je trochę ścisnąć, żeby wszystkie się zmieściły. Dodaj tyle wody, aby częściowo zakryła ciasta (około 1 filiżanki / 200 ml). Przykryj patelnię pokrywką i gotuj na bardzo małym ogniu przez 15 do 20 minut. Wyłącz ogień i pozostaw ciasteczka bez przykrycia na co najmniej 10 minut przed podaniem na ciepło lub w temperaturze pokojowej, posypane miętą.

53. Grillowane szaszłyki rybne z hawayej i pietruszką

Sprawia: 4 DO 6

SKŁADNIKI
- 1 kg twardych filetów z białej ryby, np. żabnicy lub halibuta, pozbawionych skóry, usuniętych ości i pokrojonych w kostkę o boku 2,5 cm
- 1 szklanka / 50 g drobno posiekanej natki pietruszki płaskolistnej
- 2 duże ząbki czosnku, zmiażdżone
- ½ łyżeczki płatków chili
- 1 łyżka świeżo wyciśniętego soku z cytryny
- 2 łyżki oliwy z oliwek
- sól
- ćwiartki cytryny do podania
- 15 do 18 długich bambusowych szaszłyków namoczonych w wodzie na 1 godzinę
- MIESZANKA PRZYPRAW HAWAYEJ
- 1 łyżeczka ziaren czarnego pieprzu
- 1 łyżeczka nasion kolendry
- 1 ½ łyżeczki nasion kminku
- 4 całe goździki
- ½ łyżeczki mielonego kardamonu
- 1 ½ łyżeczki mielonej kurkumy

INSTRUKCJE

a) Zacznij od mieszanki hawayej. Włóż ziarna pieprzu, kolendrę, kminek i goździki do młynka do przypraw lub moździerza i rozdrobnij, aż będą drobno zmielone. Dodać zmielony kardamon i kurkumę, dobrze wymieszać i przełożyć do dużej miski.

b) Do miski z przyprawami hawayej włóż rybę, natkę pietruszki, czosnek, płatki chili, sok z cytryny i 1 łyżeczkę soli. Dobrze wymieszaj rękami, masując rybę w mieszance przypraw, aż wszystkie kawałki zostaną dobrze pokryte. Przykryj miskę i najlepiej zostaw do marynowania w lodówce na 6 do 12 godzin.

Jeśli nie możesz poświęcić tego czasu, nie martw się; godzina też powinna wystarczyć.

c) Połóż prążkowaną patelnię grillową na dużym ogniu i pozostaw na około 4 minuty, aż będzie gorąca. W międzyczasie nabijaj kawałki ryby na patyki do szaszłyków, po 5–6 sztuk na każdy, pamiętając o pozostawieniu odstępów między kawałkami. Delikatnie posmaruj rybę odrobiną oliwy z oliwek i umieść szaszłyki na gorącej patelni w 3–4 partiach, tak aby nie były zbyt blisko siebie. Grilluj przez około 1,5 minuty z każdej strony, aż ryba będzie ugotowana. Alternatywnie usmaż je na grillu lub pod grillem, gdzie będą się smażyły przez około 2 minuty z każdej strony.

d) Podawać natychmiast z cząstkami cytryny.

54. Krewetki, przegrzebki i małże z pomidorami i fetą

Sprawia: 4 JAKO STARTER

SKŁADNIKI
- 1 szklanka / 250 ml białego wina
- 2¼ funta / 1 kg małży, oczyszczonych
- 3 ząbki czosnku, pokrojone w cienkie plasterki
- 3 łyżki oliwy z oliwek, plus dodatkowa ilość do wykończenia
- 3½ szklanki / 600 g obranych i posiekanych włoskich pomidorów śliwkowych (świeżych lub z puszki)
- 1 łyżeczka drobnego cukru
- 2 łyżki posiekanego oregano
- 1 cytryna
- 200 g krewetek tygrysich, obranych i oczyszczonych
- 200 g dużych przegrzebków (jeśli są bardzo duże, przeciąć je poziomo na pół)
- 120 g sera feta, podzielonego na 2-centymetrowe kawałki
- 3 zielone cebule, pokrojone w cienkie plasterki
- sól i świeżo zmielony czarny pieprz

INSTRUKCJE

a) Wino umieścić w średnim rondlu i gotować, aż zredukuje się o trzy czwarte. Dodać małże, natychmiast przykryć pokrywką i smażyć na dużym ogniu przez około 2 minuty, od czasu do czasu potrząsając patelnią, aż małże się otworzą. Przenieść na drobne sito, aby odsączyć, zbierając soki z gotowania do miski. Wyrzuć wszystkie małże, które się nie otworzyły, a następnie usuń resztę z muszli, pozostawiając kilka z muszlami, aby dokończyć danie, jeśli chcesz.

b) Rozgrzej piekarnik do 240°C/475°F.

c) Na dużej patelni podsmaż czosnek na oliwie z oliwek na średnim ogniu przez około 1 minutę, aż będzie złocisty. Ostrożnie dodaj pomidory, płyn z małży, cukier, oregano oraz odrobinę soli i pieprzu. Odetnij 3 paski skórki z cytryny, dodaj je i gotuj na wolnym ogniu przez 20–25 minut, aż sos zgęstnieje. Posmakuj i dodaj sól i pieprz w razie potrzeby. Wyrzuć skórkę z cytryny.

d) Dodaj krewetki i przegrzebki, delikatnie wymieszaj i smaż przez minutę lub dwie. Dodać obrane małże i przełożyć wszystko do małego naczynia żaroodpornego. Zanurz kawałki fety w sosie i posyp zieloną cebulą. Jeśli chcesz, połóż na wierzchu kilka małży w muszlach i włóż do piekarnika na 3 do 5 minut, aż wierzch lekko się zarumieni, a krewetki i przegrzebki będą ugotowane. Wyjmij naczynie z piekarnika, wyciśnij na wierzch odrobinę soku z cytryny i skrop oliwą z oliwek.

55. Steki z łososia w sosie Chraimeh

Sprawia: 4

SKŁADNIKI
- ½ szklanki / 110 ml oleju słonecznikowego
- 3 łyżki mąki uniwersalnej
- 4 steki z łososia, około 1 lb / 950 g
- 6 ząbków czosnku, grubo posiekanych
- 2 łyżeczki słodkiej papryki
- 1 łyżka kminku, prażonego na sucho i świeżo zmielonego
- 1 ½ łyżeczki mielonego kminku
- zaokrąglona ¼ łyżeczki pieprzu cayenne
- zaokrąglona ¼ łyżeczki mielonego cynamonu
- 1 zielone chili, grubo posiekane
- ⅔ szklanki / 150 ml wody
- 3 łyżki koncentratu pomidorowego
- 2 łyżeczki drobnego cukru
- 1 cytryna pokrojona w 4 części plus 2 łyżki świeżo wyciśniętego soku z cytryny
- 2 łyżki grubo posiekanej kolendry
- sól i świeżo zmielony czarny pieprz

INSTRUKCJE
a) Na dużej patelni z pokrywką rozgrzej 2 łyżki oleju słonecznikowego na dużym ogniu. Do płytkiej miski wsyp mąkę, dopraw obficie solą i pieprzem i wrzuć do niej rybę. Strząśnij nadmiar mąki i smaż rybę przez minutę lub dwie z każdej strony, aż będzie złocista. Wyjmij rybę i wytrzyj patelnię do czysta.

b) Umieść czosnek, przyprawy, chili i 2 łyżki oleju słonecznikowego w robocie kuchennym i zmiksuj na gęstą pastę. Być może trzeba będzie dodać trochę więcej oleju, aby wszystko się połączyło.

c) Na patelnię wlać pozostały olej, dobrze rozgrzać i dodać pastę przyprawową. Mieszaj i smaż przez zaledwie 30 sekund, aby przyprawy się nie przypaliły. Szybko, ale ostrożnie (może pluć!)

dodaj wodę i koncentrat pomidorowy, aby przyprawy się nie zagotowały. Doprowadź do wrzenia, dodaj cukier, sok z cytryny, ¾ łyżeczki soli i trochę pieprzu. Smak dla przypraw.

d) Włóż rybę do sosu, delikatnie zagotuj, przykryj patelnię i gotuj przez 7 do 11 minut, w zależności od wielkości ryby, aż będzie gotowa. Zdejmij patelnię z ognia, zdejmij pokrywkę i pozostaw do ostygnięcia. Podawaj rybę na ciepło lub w temperaturze pokojowej. Udekoruj każdą porcję kolendrą i cząstką cytryny.

56. Marynowana Ryba Słodko-Kwaśna

Sprawia: 4

SKŁADNIKI
- 3 łyżki oliwy z oliwek
- 2 średnie cebule, pokrojone w 1 cm plasterki (w sumie 3 filiżanki / 350 g)
- 1 łyżka nasion kolendry
- 2 papryki (1 czerwona i 1 żółta), przekrojone wzdłuż na pół, pozbawione nasion i pokrojone w paski o szerokości 1 cm (3 szklanki / łącznie 300 g)
- 2 ząbki czosnku, zmiażdżone
- 3 liście laurowe
- 1 ½ łyżki curry w proszku
- 3 posiekane pomidory (w sumie 2 szklanki / 320 g)
- 2 ½ łyżki cukru
- 5 łyżek octu jabłkowego
- 500 g mintaja, dorsza, halibuta, płamiaka lub innej białej ryby podzielonej na 4 równe części
- przyprawiona mąka uniwersalna, do podsypania
- 2 bardzo duże jajka, ubite
- ⅓ szklanki / 20 g posiekanej kolendry

sól i świeżo zmielony czarny pieprz

INSTRUKCJE
a) Rozgrzej piekarnik do 190°C/375°F.
b) Rozgrzej 2 łyżki oliwy z oliwek na dużej patelni żaroodpornej lub w piekarniku holenderskim na średnim ogniu. Dodaj cebulę i nasiona kolendry i smaż przez 5 minut, często mieszając. Dodać paprykę i smażyć kolejne 10 minut. Dodaj czosnek, liście laurowe, curry i pomidory i smaż przez kolejne 8 minut, od czasu do czasu mieszając. Dodaj cukier, ocet, 1 ½ łyżeczki soli i trochę czarnego pieprzu i gotuj przez kolejne 5 minut.
c) W międzyczasie rozgrzej pozostałą 1 łyżkę oleju na osobnej patelni na średnim ogniu. Rybę posypujemy solą, zanurzamy w

mące, następnie w jajkach i smażymy około 3 minuty, raz obracając. Przełóż rybę na ręczniki papierowe, aby odsączyć nadmiar oleju, następnie dodaj na patelnię z papryką i cebulą, odsuwając warzywa na bok, tak aby ryba osiadła na dnie patelni. Dolać tyle wody, aby ryba zanurzyła się w płynie (ok. 1 szklanka / 250 ml).

d) Włóż patelnię do piekarnika na 10–12 minut, aż ryba będzie ugotowana. Wyjąć z piekarnika i pozostawić do ostygnięcia do temperatury pokojowej. Rybę można teraz podawać, ale w rzeczywistości jest lepsza po dniu lub dwóch w lodówce. Przed podaniem spróbuj, dodaj sól i pieprz, jeśli to konieczne, i udekoruj kolendrą.

57. Pasztet z dyni piżmowej i tahini

Sprawia: 6 DO 8

SKŁADNIKI
- 1 bardzo duża dynia piżmowa (około 1,2 kg), obrana i pokrojona na kawałki (w sumie 7 filiżanek / 970 g)
- 3 łyżki oliwy z oliwek
- 1 łyżeczka mielonego cynamonu
- 5 łyżek / 70 g jasnej pasty tahini
- ½ szklanki / 120 g jogurtu greckiego
- 2 małe ząbki czosnku, zmiażdżone
- 1 łyżeczka mieszanki sezamu czarnego i białego (lub samego białego, jeśli nie masz czarnego)
- 1 ½ łyżeczki syropu daktylowego
- 2 łyżki posiekanej kolendry (opcjonalnie)
- sól

INSTRUKCJE
a) Rozgrzej piekarnik do 200°C/400°F.
b) Rozłóż dynię na średniej patelni. Polać oliwą, posypać cynamonem i ½ łyżeczki soli. Dokładnie wymieszaj, przykryj szczelnie folią aluminiową i piecz w piekarniku przez 70 minut, raz mieszając w trakcie pieczenia. Wyjąć z piekarnika i pozostawić do ostygnięcia.
c) Przełóż dynię do robota kuchennego razem z tahini, jogurtem i czosnkiem. Z grubsza pulsuj, aby wszystko połączyło się w grubą pastę, a pasta nie stała się gładka; można to również zrobić ręcznie za pomocą widelca lub tłuczka do ziemniaków.
d) Rozłóż orzechy piżmowe w falisty wzór na płaskim talerzu i posyp ziarnami sezamu, skrop syropem i wykończ kolendrą, jeśli używasz.

58. Polpetone

Robi: 8

SKŁADNIKI
- 3 duże jaja z wolnego wybiegu
- 1 łyżka posiekanej natki pietruszki płaskolistnej
- 2 łyżki oliwy z oliwek
- 1 funt / 500 g mielonej wołowiny
- 1 szklanka / 100 g bułki tartej
- ½ szklanki / 60 g niesolonych pistacji
- ½ szklanki / 80 g korniszonów (3 lub 4), pokrojonych na 1 cm kawałki
- 200 g gotowanego ozora wołowego (lub szynki), pokrojonego w cienkie plasterki
- 1 duża marchewka, pokrojona w kawałki
- 2 łodygi selera, pokrojone na kawałki
- 1 gałązka tymianku
- 2 liście laurowe
- ½ cebuli, pokrojonej w plasterki
- 1 łyżeczka bazy bulionowej z kurczaka
- wrząca woda, gotować
- sól i świeżo zmielony czarny pieprz

SALSINA VERDE
- 50 g gałązek pietruszki płaskolistnej
- 1 ząbek czosnku, zmiażdżony
- 1 łyżka kaparów
- 1 łyżka świeżo wyciśniętego soku z cytryny
- 1 łyżka białego octu winnego
- 1 duże jajko z wolnego wybiegu, ugotowane na twardo i obrane
- ⅔ szklanki / 150 ml oliwy z oliwek
- 3 łyżki bułki tartej, najlepiej świeżej
- sól i świeżo zmielony czarny pieprz

INSTRUKCJE

a) Zacznij od zrobienia płaskiego omletu. Wymieszaj 2 jajka, posiekaną natkę pietruszki i szczyptę soli. Rozgrzej oliwę z oliwek na dużej patelni (o średnicy około 28 cm) na średnim ogniu i wlej jajka. Gotuj przez 2 do 3 minut, bez mieszania, aż jajka zamienią się w cienki omlet. Odstawić do ostygnięcia.

b) W dużej misce wymieszaj wołowinę, bułkę tartą, pistacje, korniszony, pozostałe jajko, 1 łyżeczkę soli i ½ łyżeczki pieprzu. Połóż dużą, czystą ściereczkę (możesz użyć starej, której nie masz nic przeciwko pozbyciu się; czyszczenie jej będzie niewielkim zagrożeniem) na powierzchni roboczej. Teraz weź mieszankę mięsną i rozłóż ją na ręczniku, uformuj ją rękami w prostokątny dysk o grubości ⅜ cala / 1 cm i około 12 na 10 cali / 30 na 25 cm. Utrzymuj krawędzie tkaniny w czystości.

c) Przykryj mięso plasterkami języka, pozostawiając 2 cm wokół krawędzi. Omlet pokroić na 4 szerokie paski i równomiernie rozprowadzić je na języku.

d) Podnieś szmatkę, aby pomóc Ci rozpocząć zwijanie mięsa do wewnątrz od jednego z jego szerokich boków. Kontynuuj zwijanie mięsa w dużą kiełbasę, pomagając sobie ręcznikiem. W efekcie mamy otrzymać zwarty bochenek przypominający galaretkę, z mieloną wołowiną na zewnątrz i omletem w środku. Przykryj bochenek ręcznikiem, dobrze go zawiń, aby był szczelnie zamknięty w środku. Zawiąż końce sznurkiem i wsuń nadmiar materiału pod kłodę, tak aby otrzymać ciasno związany pakiet.

e) Umieść pakiet w dużej patelni lub holenderskim piekarniku. Wrzuć marchewkę, seler, tymianek, laur, cebulę i bulion wokół bochenka i zalej wrzącą wodą, aby prawie go przykryła. Przykryj garnek pokrywką i pozostaw na wolnym ogniu przez 2 godziny.

f) Zdejmij bochenek z patelni i odłóż na bok, aby odciekł trochę płynu (bulion do gotowania będzie świetną bazą do zupy). Po około 30 minutach połóż na wierzch coś ciężkiego, aby wypuścić więcej soku. Gdy klops osiągnie temperaturę pokojową, włóż klops do lodówki, wciąż przykryty ściereczką, do całkowitego schłodzenia na 3 do 4 godzin.

g) Aby przygotować sos, włóż wszystkie składniki do robota kuchennego i zmiksuj na grubą konsystencję (lub, aby uzyskać rustykalny wygląd, posiekaj ręcznie natkę pietruszki, kapary i jajko i wymieszaj razem z resztą składników). Posmakuj i dopraw do smaku.

h) Przed podaniem wyjmij bochenek z ręcznika, pokrój go w plastry o grubości ⅜ cala / 1 cm i ułóż na talerzu. Podawaj sos z boku.

59. Zwęglona Okra Z Pomidorem

Ilość: 2 JAKO PRZYSTAWKA

SKŁADNIKI
- 300 g baby lub bardzo mała okra
- 2 łyżki oliwy z oliwek, plus więcej w razie potrzeby
- 4 ząbki czosnku, pokrojone w cienkie plasterki
- ⅔ uncji / 20 g konserwowanej skórki cytryny (kupionej w sklepie lub zobacz przepis), pokrojonej w 1-centymetrowe kawałki
- 3 małe pomidory (w sumie 200 g), pokrojone na 8 krążków lub pomidorki koktajlowe przekrojone na połówki
- 1 ½ łyżeczki posiekanej natki pietruszki płaskolistnej
- 1 ½ łyżeczki posiekanej kolendry
- 1 łyżka świeżo wyciśniętego soku z cytryny
- Sól morska Maldon i świeżo zmielony czarny pieprz

INSTRUKCJE

a) Za pomocą małego, ostrego noża do owoców odetnij strąki okry, usuwając łodygę tuż nad strąkiem, aby nie odsłonić nasion.

b) Dużą patelnię z grubym dnem postaw na dużym ogniu i odstaw na kilka minut. Gdy będzie prawie czerwona, wrzucaj okrę w dwóch partiach i gotuj na sucho, od czasu do czasu potrząsając patelnią, przez 4 minuty na partię. Na strąkach okry od czasu do czasu powinny pojawiać się ciemne pęcherze.

c) Umieść wszystkie zwęglone okry na patelni i dodaj oliwę z oliwek, czosnek i zakonserwowaną cytrynę. Smażyć przez 2 minuty, potrząsając patelnią. Zmniejsz ogień do średniego i dodaj pomidory, 2 łyżki wody, posiekane zioła, sok z cytryny, ½ łyżeczki soli i trochę czarnego pieprzu. Wszystko delikatnie wymieszaj, aby pomidory się nie rozpadły i gotuj dalej przez 2–3 minuty, aż pomidory się zagrzeją. Przełóż na półmisek, skrop odrobiną oliwy z oliwek, posyp solą i podawaj.

60. Spalony Bakłażan z Nasiona granatu

Ilość: 4 JAKO CZĘŚĆ PŁYTKI MEZE

SKŁADNIKI
- 4 duże bakłażany (1,5 kg przed gotowaniem; 2½ szklanki / 550 g po przypaleniu i odsączeniu miąższu)
- 2 ząbki czosnku, zmiażdżone
- otarta skórka z 1 cytryny i 2 łyżki świeżo wyciśniętego soku z cytryny
- 5 łyżek oliwy z oliwek
- 2 łyżki posiekanej natki pietruszki płaskolistnej
- 2 łyżki posiekanej mięty
- nasiona ½ dużego granatu (½ szklanki / łącznie 80 g)
- sól i świeżo zmielony czarny pieprz

INSTRUKCJE

a) Jeśli masz kuchenkę gazową, wyłóż jej podstawę folią aluminiową, aby ją zabezpieczyć, tak aby odsłonięte były tylko palniki. Umieść bakłażany bezpośrednio na czterech oddzielnych palnikach gazowych o średnim ogniu i piecz przez 15 do 18 minut, aż skórka się przypali i zacznie łuszczyć, a miąższ będzie miękki. Od czasu do czasu obracaj je metalowymi szczypcami. Alternatywnie, natnij bakłażany nożem w kilku miejscach na głębokość około 2 cm i umieść je na blasze do pieczenia pod gorącym brojlerem na około godzinę. Obracaj je co około 20 minut i kontynuuj gotowanie, nawet jeśli pękną i połamią się.

b) Zdejmij bakłażany z ognia i pozwól im lekko ostygnąć. Gdy bakłażan będzie wystarczająco ostygnięty, wytnij otwór wzdłuż każdego bakłażana i wyjmij miękki miąższ, dzieląc go rękami na długie, cienkie paski. Wyrzuć skórę. Miąższ odcedzamy na durszlaku przez co najmniej godzinę, a najlepiej dłużej, aby pozbyć się jak największej ilości wody.

c) Umieść miąższ bakłażana w średniej misce, dodaj czosnek, skórkę i sok z cytryny, oliwę z oliwek, ½ łyżeczki soli i dobrze zmielony czarny pieprz. Wymieszaj i pozwól bakłażanowi marynować w temperaturze pokojowej przez co najmniej godzinę.

d) Kiedy będziesz gotowy do podania, wymieszaj większość ziół i dopraw do smaku. Ułóż je wysoko na talerzu, posyp pestkami granatu i udekoruj pozostałymi ziołami.

61. Tabbouleh

Sprawia: 4 HOJNIE

SKŁADNIKI

- ½ szklanki / 30 g drobnej pszenicy bulgur
- 2 duże pomidory, dojrzałe, ale jędrne (w sumie 300 g)
- 1 szalotka, drobno posiekana (w sumie 3 łyżki / 30 g)
- 3 łyżki świeżo wyciśniętego soku z cytryny i trochę do wykończenia
- 4 duże pęczki pietruszki płaskolistnej (w sumie 160 g)
- 2 pęczki mięty (łącznie 30 g)
- 2 łyżeczki mielonego ziela angielskiego
- 1 łyżeczka mieszanki przypraw Baharat (kupiona w sklepie lub zobacz przepis)
- ½ szklanki / 80 ml najwyższej jakości oliwy z oliwek
- nasiona około ½ dużego granatu (w sumie ½ szklanki / 70 g), opcjonalnie
- sól i świeżo zmielony czarny pieprz

INSTRUKCJE

a) Kaszę bulgur przełóż na drobne sito i przelej zimną wodą, aż wypływająca woda będzie przejrzysta i usuniesz większość skrobi. Przełożyć do dużej miski miksującej.

b) Za pomocą małego ząbkowanego noża pokrój pomidory w plasterki o grubości ¼ cala / 0,5 cm. Każdy plasterek pokroić w paski o grubości ¼ cala / 0,5 cm, a następnie w kostkę. Do miski dodać pomidory i ich sok, szalotkę i sok z cytryny, dobrze wymieszać.

c) Weź kilka gałązek natki pietruszki i ciasno je zwiń. Za pomocą dużego, bardzo ostrego noża odetnij większość łodyg i wyrzuć. Teraz użyj noża, aby przesuwać łodygi i liście w górę, stopniowo „podsuwając" nóż, aby posiekać pietruszkę tak drobno, jak to możliwe, i staraj się unikać krojenia kawałków szerszych niż 1/16 cala / 1 mm. Dodaj do miski.

d) Oderwij liście mięty od łodyg, złóż kilka razem i posiekaj drobno, tak jak pietruszkę; nie siekaj ich za bardzo, bo mają tendencję do odbarwiania się. Dodaj do miski.

e) Na koniec dodaj ziele angielskie, baharat, oliwę z oliwek, granat, jeśli używasz, oraz trochę soli i pieprzu. Spróbuj, jeśli chcesz, dodaj więcej soli i pieprzu, ewentualnie odrobinę soku z cytryny i podawaj.

62. Pieczone ziemniaki z karmelem i suszonymi śliwkami

Sprawia: 4

SKŁADNIKI
- 2¼ funta / 1 kg mączystych ziemniaków, takich jak rdzawe
- ½ szklanki / 120 ml tłuszczu gęsiego
- 150 g całych, miękkich śliwek Agen, bez pestek
- ½ szklanki / 90 g drobnego cukru
- 3½ łyżki / 50 ml wody z lodem
- sól

INSTRUKCJE
a) Rozgrzej piekarnik do 240°C/475°F.
b) Obierz ziemniaki, małe zostaw w całości, a większe przekrój na pół, tak aby otrzymać kawałki o wadze około 60 g. Opłucz pod zimną wodą, następnie umieść ziemniaki na dużej patelni z dużą ilością świeżej zimnej wody. Doprowadzić do wrzenia, gotować na wolnym ogniu przez 8 do 10 minut. Ziemniaki dobrze odcedź, a następnie potrząśnij durszlakiem, aby ich krawędzie były szorstkie.
c) Umieść tłuszcz gęsi na patelni i podgrzej w piekarniku do momentu, aż zacznie dymić, około 8 minut. Ostrożnie wyjmij patelnię z piekarnika i za pomocą metalowych szczypiec włóż ugotowane ziemniaki do gorącego tłuszczu, obracając je jednocześnie w tłuszczu. Delikatnie umieść patelnię na najwyższym poziomie piekarnika i piecz przez 50 do 65 minut lub do momentu, aż ziemniaki będą złociste i chrupiące na zewnątrz. Podczas smażenia od czasu do czasu je przewracaj.
d) Gdy ziemniaki będą już prawie gotowe, wyjmij blachę z piekarnika i przesuń ją nad żaroodporną miską, aby usunąć większość tłuszczu. Dodać ½ łyżeczki soli i śliwki i delikatnie wymieszać. Wróć do piekarnika na kolejne 5 minut.
e) W tym czasie przygotuj karmel. Cukier wsyp do czystego rondla o grubym dnie i postaw na małym ogniu. Bez mieszania obserwuj, jak cukier nabiera bogatego karmelowego koloru.

Pamiętaj, aby cały czas zwracać uwagę na cukier. Gdy tylko uzyskasz ten kolor, zdejmij patelnię z ognia. Trzymając patelnię w bezpiecznej odległości od twarzy, szybko wlej do karmelu wodę z lodem, aby zapobiec jego zagotowaniu. Wróć do ognia i mieszaj, aby usunąć grudki cukru.

f) Przed podaniem dodaj karmel do ziemniaków i suszonych śliwek. Przełożyć do miski i zjeść od razu.

63. Boćwina z Tahini, jogurtem i maślanymi orzeszkami pinii

Sprawia: 4

SKŁADNIKI

- 2¾ funta / 1,3 kg Boćwina
- 2½ łyżki / 40 g niesolonego masła
- 2 łyżki oliwy z oliwek, plus dodatkowa ilość do wykończenia
- 5 łyżek / 40 g orzeszków piniowych
- 2 małe ząbki czosnku, pokrojone w bardzo cienkie plasterki
- ¼ szklanki / 60 ml białego wytrawnego wina
- słodka papryka do dekoracji (opcjonalnie)
- sól i świeżo zmielony czarny pieprz

SOS TAHINI I JOGURT

- 3½ łyżki / 50 g jasnej pasty tahini
- 4½ łyżki / 50 g jogurtu greckiego
- 2 łyżki świeżo wyciśniętego soku z cytryny
- 1 ząbek czosnku, zmiażdżony
- 2 łyżki wody

INSTRUKCJE

a) Zacznij od sosu. Umieść wszystkie składniki w średniej misce, dodaj szczyptę soli i dobrze wymieszaj małą trzepaczką, aż uzyskasz gładką, półsztywną pastę. Odłożyć na bok.

b) Za pomocą ostrego noża oddziel łodygi boćwiny od zielonych liści i pokrój je w plasterki o szerokości ¾ cala / 2 cm, zachowując odstępy. W dużym rondlu zagotuj osoloną wodę i dodaj łodygi boćwiny. Dusić przez 2 minuty, dodać liście i smażyć kolejną minutę. Odcedzić i dobrze przepłukać pod zimną wodą. Pozwól wodzie spłynąć, a następnie wyciśnij boćwinę rękami, aż całkowicie wyschnie.

c) Na dużą patelnię włóż połowę masła i 2 łyżki oliwy z oliwek i postaw na średnim ogniu. Gdy będą gorące, dodaj orzeszki piniowe i wrzuć je na patelnię, aż będą złociste, około 2 minut. Za pomocą łyżki cedzakowej wyjmij je z patelni, a następnie wrzuć czosnek. Gotuj przez około minutę, aż zacznie się złocić.

Ostrożnie (będzie pluć!) wlewaj wino. Pozostaw na minutę lub krócej, aż zmniejszy się do około jednej trzeciej. Dodaj boćwinę i resztę masła i smaż przez 2 do 3 minut, od czasu do czasu mieszając, aż boćwina będzie całkowicie ciepła. Doprawić ½ łyżeczki soli i odrobiną czarnego pieprzu.

d) Rozłóż boćwinę pomiędzy osobnymi miskami, połóż na wierzch trochę sosu tahini i posyp orzeszkami piniowymi. Na koniec skrop oliwą i posyp odrobiną papryki, jeśli lubisz.

64. Ryż szafranowy z berberysem, pistacjami i mieszanką ziół

Sprawia: 6

SKŁADNIKI
- 2½ łyżki / 40 g niesolonego masła
- 2 szklanki / 360 g ryżu basmati, opłukanego pod zimną wodą i dobrze odsączonego
- 2⅓ szklanki / 560 ml wrzącej wody
- 1 łyżeczka nitek szafranu namoczona w 3 łyżkach wrzącej wody przez 30 minut
- ¼ szklanki / 40 g suszonego berberysu namoczonego kilka minut we wrzącej wodzie ze szczyptą cukru
- 30 g koperku, grubo posiekanego
- ⅔ uncji / 20 g trybuli, grubo posiekanej
- ⅓ uncji / 10 g estragonu, grubo posiekanego
- ½ szklanki / 60 g posiekanych lub pokruszonych, niesolonych pistacji, lekko uprażonych
- sól i świeżo zmielony biały pieprz

INSTRUKCJE

a) Rozpuść masło w średnim rondlu i dodaj ryż, upewniając się, że ziarna są dobrze pokryte masłem. Dodaj wrzącą wodę, 1 łyżeczkę soli i trochę białego pieprzu. Dobrze wymieszaj, przykryj szczelnie przylegającą pokrywką i gotuj na bardzo małym ogniu przez 15 minut. Nie ulegaj pokusie odkrycia patelni; musisz pozwolić, aby ryż odpowiednio odparował.

b) Zdejmij patelnię ryżową z ognia – ryż wchłonie całą wodę – i zalej ryż wodą szafranową z jednej strony, tak aby przykryła około jedną czwartą powierzchni i pozostawiła większość białego ryżu. Natychmiast przykryj patelnię ściereczką i ponownie szczelnie zamknij pokrywką. Odstawić na 5 do 10 minut.

c) Dużą łyżką usuń białą część ryżu do dużej miski i rozdrobnij ją widelcem. Odcedź berberys i wymieszaj, a następnie zioła i większość pistacji, pozostawiając kilka do dekoracji. Dobrze wymieszaj. Ryż szafranowy rozgnieść widelcem i delikatnie wymieszać z białym ryżem. Nie mieszaj zbyt mocno – nie chcesz, aby białe ziarna zostały poplamione na żółto. Posmakuj i dopraw do smaku. Przełóż ryż do płytkiej miski i posyp pozostałymi pistacjami na wierzchu. Podawać na ciepło lub w temperaturze pokojowej.

65. Sabih

Sprawia: 4

SKŁADNIKI
- 2 duże bakłażany (w sumie około 750 g)
- około 1¼ szklanki / 300 ml oleju słonecznikowego
- 4 kromki dobrej jakości białego chleba, tostowe lub świeże i wilgotne mini pity
- 1 szklanka / 240 ml sosu Tahini
- 4 duże jajka z wolnego wybiegu, ugotowane na twardo, obrane i pokrojone w plastry o grubości 1 cm lub poćwiartowane
- około 4 łyżek Zhouga
- amba lub pikantna marynata z mango (opcjonalnie)
- sól i świeżo zmielony czarny pieprz

SAŁATKA SIEKANA
- 2 średnio dojrzałe pomidory, pokrojone w 1 cm kostkę (w sumie około 1 filiżanki / 200 g)
- 2 mini ogórki, pokrojone w 1 cm kostkę (w sumie około 1 filiżanki / 120 g)
- 2 zielone cebule, pokrojone w cienkie plasterki
- 1 ½ łyżki posiekanej natki pietruszki płaskolistnej
- 2 łyżeczki świeżo wyciśniętego soku z cytryny
- 1 ½ łyżki oliwy z oliwek

INSTRUKCJE
a) Za pomocą obieraczki do warzyw usuń paski skórki z bakłażana od góry do dołu, pozostawiając bakłażany z naprzemiennymi paskami czarnej skórki i białego miąższu, przypominającymi zebrę. Oba bakłażany pokroić w poprzek na plastry o grubości 1 cala / 2,5 cm. Posyp je z obu stron solą, następnie rozłóż na blasze do pieczenia i odstaw na co najmniej 30 minut, aby odsączyć trochę wody. Do ich wycierania używaj ręczników papierowych.

b) Na szerokiej patelni rozgrzej olej słonecznikowy. Ostrożnie – gdy olej się rozleje – smaż plastry bakłażana partiami, aż będą ładne i ciemne, raz obracając, łącznie przez 6 do 8 minut. W razie potrzeby dodawaj olej podczas smażenia porcji. Po upieczeniu kawałki bakłażana powinny być całkowicie miękkie w środku. Zdjąć z patelni i odsączyć na ręcznikach papierowych.

c) Przygotuj posiekaną sałatkę, mieszając wszystkie składniki i doprawiając solą i pieprzem do smaku.

d) Tuż przed podaniem na każdym talerzu ułóż po 1 kromce chleba lub pity. Na każdy plasterek nałóż 1 łyżkę sosu tahini, a następnie ułóż na wierzchu plasterki bakłażana, nakładając się na siebie. Posyp odrobiną tahini, ale nie zakrywaj całkowicie plasterków bakłażana. Każdy kawałek jajka dopraw solą i pieprzem i ułóż na bakłażanie. Posyp odrobiną tahini na wierzchu i posyp łyżką tyle zhoug, ile chcesz; uważaj, jest gorąco! Jeśli chcesz, polej także marynatą z mango. Sałatkę warzywną podawaj na boku, w razie potrzeby dodając odrobinę do każdej porcji.

66. Mejadra

Sprawia: 6

SKŁADNIKI

- 1¼ szklanki / 250 g zielonej lub brązowej soczewicy
- 4 średnie cebule (700 g przed obraniem)
- 3 łyżki mąki uniwersalnej
- ok. 1 szklanka/250 ml oleju słonecznikowego
- 2 łyżeczki nasion kminku
- 1 ½ łyżki nasion kolendry
- 1 szklanka / 200 g ryżu basmati
- 2 łyżki oliwy z oliwek
- ½ łyżeczki mielonej kurkumy
- 1 ½ łyżeczki mielonego ziela angielskiego
- 1 ½ łyżeczki mielonego cynamonu
- 1 łyżeczka cukru
- 1½ szklanki / 350 ml wody
- sól i świeżo zmielony czarny pieprz

INSTRUKCJE

a) Soczewicę włóż do małego rondla, zalej dużą ilością wody, zagotuj i gotuj przez 12 do 15 minut, aż soczewica zmięknie, ale nadal będzie lekko gryzła. Odcedź i odłóż na bok.

b) Cebule obierz i pokrój w cienkie plasterki. Ułożyć na dużym płaskim talerzu, posypać mąką i 1 łyżeczką soli i dobrze wymieszać rękoma. Rozgrzej olej słonecznikowy w średnim rondlu o grubym dnie, ustawionym na dużym ogniu. Upewnij się, że olej jest gorący, wrzucając mały kawałek cebuli; powinno mocno skwierczeć. Zmniejsz ogień do średniego i ostrożnie (może pluć!) dodaj jedną trzecią pokrojonej w plasterki cebuli. Smaż przez 5 do 7 minut, mieszając od czasu do czasu łyżką cedzakową, aż cebula nabierze ładnego złotobrązowego koloru i stanie się chrupiąca (dostosuj temperaturę, aby cebula nie smażyła się zbyt szybko i nie paliła). Łyżką przenieś cebulę na durszlak wyłożony papierowymi ręcznikami i posyp ją odrobiną soli. Zrób to samo z pozostałymi dwiema porcjami cebuli; w razie potrzeby dodać trochę dodatkowego oleju.

c) Wytrzyj do czysta patelnię, w której smażyłaś cebulę, włóż do niej kminek i nasiona kolendry. Postaw na średnim ogniu i praż nasiona przez minutę lub dwie. Dodać ryż, oliwę z oliwek, kurkumę, ziele angielskie, cynamon, cukier, ½ łyżeczki soli i dużą ilość czarnego pieprzu. Mieszaj, aby ryż pokrył się oliwą, a następnie dodaj ugotowaną soczewicę i wodę. Doprowadzić do wrzenia, przykryć pokrywką i gotować na bardzo małym ogniu przez 15 minut.

d) Zdejmij z ognia, zdejmij pokrywkę i szybko przykryj patelnię czystą ściereczką. Szczelnie zamknij pokrywką i odstaw na 10 minut.

e) Na koniec do ryżu i soczewicy dodajemy połowę podsmażonej cebuli i delikatnie mieszamy widelcem. Przełóż mieszaninę do płytkiej miski i posyp resztą cebuli.

67. Jagody pszenne i boćwina z melasą z granatów

Sprawia: 4

SKŁADNIKI
- 1⅓ lb / 600 g boćwina lub boćwina tęczowa
- 2 łyżki oliwy z oliwek
- 1 łyżka niesolonego masła
- 2 duże pory, białe i jasnozielone części, pokrojone w cienkie plasterki (w sumie 3 szklanki / 350 g)
- 2 łyżki jasnego brązowego cukru
- około 3 łyżek melasy z granatów
- 1¼ szklanki / 200 g łuskanych lub niełuskanych jagód pszenicy
- 2 szklanki / 500 ml bulionu z kurczaka
- sól i świeżo zmielony czarny pieprz
- Jogurt grecki do podania

INSTRUKCJE

a) Za pomocą małego, ostrego noża oddziel białe łodygi boćwiny od zielonych liści. Łodygi pokroić w plasterki o grubości 1 cm, a liście w plasterki o grubości ¾ cala / 2 cm.

b) W dużym rondlu o grubym dnie rozgrzej oliwę i masło. Dodaj pory i smaż, mieszając, przez 3 do 4 minut. Dodaj łodygi boćwiny i smaż przez 3 minuty, następnie dodaj liście i smaż przez kolejne 3 minuty. Dodaj cukier, 3 łyżki melasy z granatów i jagody pszenicy i dobrze wymieszaj. Dodać bulion, ¾ łyżeczki soli i trochę czarnego pieprzu, doprowadzić do delikatnego wrzenia i gotować na małym ogniu pod przykryciem przez 60 do 70 minut. W tym momencie pszenica powinna być al dente.

c) Zdejmij pokrywkę i, jeśli to konieczne, zwiększ ogień i poczekaj, aż pozostały płyn odparuje. Dno patelni powinno być suche i pokryte odrobiną przypalonego karmelu. Zdjąć z ognia.

d) Przed podaniem spróbuj i w razie potrzeby dodaj więcej melasy, soli i pieprzu; chcesz, żeby była ostra i słodka, więc nie wstydź się swojej melasy. Podawać na ciepło, z kleksem jogurtu greckiego.

68. Balila

Sprawia: 4

SKŁADNIKI
- 1 szklanka / 200 g suszonej ciecierzycy
- 1 łyżeczka sody oczyszczonej
- 1 szklanka / 60 g posiekanej natki pietruszki płaskolistnej
- 2 zielone cebule, pokrojone w cienkie plasterki
- 1 duża cytryna
- 3 łyżki oliwy z oliwek
- 2 ½ łyżeczki mielonego kminku
- sól i świeżo zmielony czarny pieprz

INSTRUKCJE
a) Dzień wcześniej włóż ciecierzycę do dużej miski i zalej zimną wodą w ilości co najmniej dwukrotnie większej niż jej objętość. Dodaj sodę oczyszczoną i pozostaw w temperaturze pokojowej do namoczenia przez noc.
b) Odcedź ciecierzycę i włóż ją do dużego rondla. Zalać dużą ilością zimnej wody i postawić na dużym ogniu. Doprowadzić do wrzenia, oczyścić powierzchnię wody, następnie zmniejszyć ogień i gotować na wolnym ogniu przez 1 do 1,5 godziny, aż ciecierzyca będzie bardzo miękka, ale nadal zachowa swój kształt.
c) Podczas gdy ciecierzyca się gotuje, włóż pietruszkę i zieloną cebulę do dużej miski. Obierz cytrynę, nacinając ją i ogonkując, połóż na desce i przesuń małym, ostrym nożem wzdłuż jej krzywizn, aby usunąć skórkę i biały rdzeń. Usuń skórę, rdzeń i nasiona, a miąższ grubo posiekaj. Do miski włóż mięso i wszystkie soki.
d) Gdy ciecierzyca będzie już gotowa, odcedź ją i dodaj do miski, gdy jest jeszcze gorąca. Dodaj oliwę z oliwek, kminek, ¾ łyżeczki soli i porządny mielony pieprz. Dobrze wymieszaj. Pozostawić do ostygnięcia, aż będzie ciepłe, doprawić do smaku i podawać.

69. Ryż basmati i orzo

Sprawia: 6

SKŁADNIKI
- 1⅓ szklanki / 250 g ryżu basmati
- 1 łyżka roztopionego ghee lub niesolonego masła
- 1 łyżka oleju słonecznikowego
- ½ szklanki / 85 g orzo
- 2 ½ szklanki / 600 ml bulionu z kurczaka
- 1 łyżeczka soli

INSTRUKCJE

a) Ryż basmati dobrze umyj, następnie włóż do dużej miski i zalej dużą ilością zimnej wody. Pozostawić do namoczenia na 30 minut, następnie odcedzić.

b) Podgrzej ghee i olej na średnim ogniu w rondlu o grubym dnie i przykrytym pokrywką. Dodaj orzo i smaż przez 3 do 4 minut, aż ziarna staną się ciemnozłote. Dodać bulion, doprowadzić do wrzenia i gotować przez 3 minuty. Dodać odsączony ryż i sól, doprowadzić do delikatnego wrzenia, zamieszać raz lub dwa razy, przykryć patelnię i gotować na bardzo małym ogniu przez 15 minut. Nie ulegaj pokusie odkrycia patelni; musisz pozwolić, aby ryż odpowiednio odparował.

c) Wyłącz ogień, zdejmij pokrywkę i szybko przykryj patelnię czystą ściereczką. Połóż pokrywkę z powrotem na ręczniku i pozostaw na 10 minut. Przed podaniem spulchnij ryż widelcem.

70. Basmati i dziki ryż z ciecierzycą, porzeczkami i ziołami

Sprawia: 6

SKŁADNIKI
- ⅓ szklanki / 50 g dzikiego ryżu
- 2 ½ łyżki oliwy z oliwek
- w zaokrągleniu 1 szklanka / 220 g ryżu basmati
- 1½ szklanki / 330 ml wrzącej wody
- 2 łyżeczki nasion kminku
- 1 ½ łyżeczki curry w proszku
- 1 ½ szklanki / 240 g ugotowanej i odsączonej ciecierzycy (z puszki też może być)
- ¾ szklanki / 180 ml oleju słonecznikowego
- 1 średnia cebula, pokrojona w cienkie plasterki
- 1 ½ łyżeczki mąki uniwersalnej
- ⅔ szklanki / 100 g porzeczek
- 2 łyżki posiekanej natki pietruszki płaskolistnej
- 1 łyżka posiekanej kolendry
- 1 łyżka posiekanego koperku
- sól i świeżo zmielony czarny pieprz

INSTRUKCJE
a) Zacznij od włożenia dzikiego ryżu do małego rondla, zalej dużą ilością wody, zagotuj i gotuj na wolnym ogniu przez około 40 minut, aż ryż będzie ugotowany, ale nadal dość twardy. Odcedź i odłóż na bok.

b) Aby ugotować ryż basmati, wlej 1 łyżkę oliwy z oliwek do średniego rondla z szczelnie dopasowaną pokrywką i postaw na dużym ogniu. Dodaj ryż i ¼ łyżeczki soli i mieszaj podczas podgrzewania ryżu. Ostrożnie wlej wrzącą wodę, zmniejsz ogień do bardzo małego, przykryj patelnię pokrywką i gotuj przez 15 minut.

c) Zdejmij patelnię z ognia, przykryj czystą ściereczką, a następnie pokrywką i pozostaw na 10 minut.

d) W czasie gdy ryż się gotuje, przygotuj ciecierzycę. W małym rondlu na dużym ogniu rozgrzej pozostałe 1,5 łyżki oliwy z oliwek. Dodaj nasiona kminku i curry, odczekaj kilka sekund, a następnie dodaj ciecierzycę i ¼ łyżeczki soli; pamiętaj, aby zrobić to szybko, w przeciwnym razie przyprawy mogą spalić się w oleju. Mieszaj na ogniu przez minutę lub dwie, aby podgrzać ciecierzycę, a następnie przenieś ją do dużej miski.

e) Wytrzyj rondelek do czysta, wlej olej słonecznikowy i postaw na dużym ogniu. Upewnij się, że olej jest gorący, wrzucając mały kawałek cebuli; powinno mocno skwierczeć. Wymieszaj rękoma cebulę z mąką, tak aby lekko ją pokryła. Weź trochę cebuli i ostrożnie (może pluć!) włóż ją do oleju. Smażyć przez 2 do 3 minut, aż uzyska złoty kolor, następnie przenieść na papierowy ręcznik, aby odsączyć i posypać solą. Powtarzaj tę czynność partiami, aż cała cebula się zeszkli.

f) Na koniec do ciecierzycy dodajemy oba rodzaje ryżu, a następnie porzeczki, zioła i podsmażoną cebulę. Wymieszaj, posmakuj i dodaj sól i pieprz według własnego uznania. Podawać na ciepło lub w temperaturze pokojowej.

71. Risotto Jęczmienne z Marynowaną Fetą

Sprawia: 4

SKŁADNIKI
- 1 szklanka / 200 g kaszy perłowej
- 2 łyżki / 30 g niesolonego masła
- 6 łyżek / 90 ml oliwy z oliwek
- 2 małe łodygi selera pokrojone w 0,5 cm kostkę
- 2 małe szalotki pokrojone w 0,5 cm kostkę
- 4 ząbki czosnku, pokrojone w kostkę o średnicy 1/16 cala / 2 mm
- 4 gałązki tymianku
- ½ łyżeczki wędzonej papryki
- 1 liść laurowy
- 4 paski skórki z cytryny
- ¼ łyżeczki płatków chili
- jedna puszka posiekanych pomidorów o pojemności 14 uncji / 400 g
- 3 szklanki / 700 ml bulionu warzywnego
- 1¼ szklanki / 300 ml passaty (przesiane, przesiane pomidory)
- 1 łyżka kminku
- 300 g sera feta, podzielonego na około 2-centymetrowe kawałki
- 1 łyżka świeżych liści oregano
- sól

INSTRUKCJE

a) Kaszę perłową dobrze opłucz pod zimną wodą i pozostaw do odcieknięcia.

b) Rozpuść masło i 2 łyżki oliwy z oliwek na bardzo dużej patelni i smaż seler, szalotkę i czosnek na delikatnym ogniu przez 5 minut, aż będą miękkie. Dodać kaszę jęczmienną, tymianek, paprykę, liść laurowy, skórkę z cytryny, płatki chili, pomidory, bulion, passatę i sól. Mieszaj do połączenia. Doprowadzić mieszaninę do wrzenia, następnie zmniejszyć ogień do bardzo delikatnego i gotować przez 45 minut, często mieszając, aby mieć pewność, że risotto nie przyklei się do dna patelni. Gotowy jęczmień powinien być miękki i wchłonąć większość płynu.

c) W międzyczasie prażymy kminek na suchej patelni przez kilka minut. Następnie lekko je zmiażdż, tak aby pozostało trochę całych nasion. Dodajemy je do fety z pozostałymi 4 łyżkami/60 ml oliwy i delikatnie mieszamy do połączenia.

d) Gdy risotto będzie już gotowe, sprawdź doprawienie, a następnie podziel je na cztery płytkie miski. Na wierzch połóż marynowaną fetę, razem z oliwą i posyp listkami oregano.

72. Conchiglie z jogurtem, groszkiem i Chile

Sprawia: 6

SKŁADNIKI
- 2½ szklanki / 500 g jogurtu greckiego
- ⅔ szklanki / 150 ml oliwy z oliwek
- 4 ząbki czosnku, zmiażdżone
- 1 lb / 500 g świeżego lub rozmrożonego mrożonego groszku
- 1 funt / 500 g makaronu conchiglie
- ½ szklanki / 60 g orzeszków piniowych
- 2 łyżeczki płatków chilli tureckiego lub syryjskiego (lub mniej, w zależności od ostrości)
- 1⅔ szklanki / 40 g liści bazylii, grubo porwanych
- 240 g sera feta, podzielonego na kawałki
- sól i świeżo zmielony biały pieprz

INSTRUKCJE

a) Do robota kuchennego włóż jogurt, 6 łyżek stołowych / 90 ml oliwy z oliwek, czosnek i ⅔ szklanki / 100 g groszku. Zmiksuj na jednolity jasnozielony sos i przenieś do dużej miski.

b) Makaron ugotować w dużej ilości osolonego wrzątku, aż będzie al dente. Gdy makaron się gotuje, rozgrzej pozostałą oliwę z oliwek na małej patelni na średnim ogniu. Dodaj orzeszki piniowe i płatki chili i smaż przez 4 minuty, aż orzechy będą złociste, a olej będzie głęboko czerwony. Pozostały groszek podgrzej także w odrobinie wrzącej wody, a następnie odcedź.

c) Ugotowany makaron odcedzamy na durszlak, dobrze wstrząśniemy, aby pozbyć się wody i stopniowo dodajemy makaron do sosu jogurtowego; dodanie wszystkiego na raz może spowodować rozwarstwienie jogurtu. Dodaj ciepły groszek, bazylię, fetę, 1 łyżeczkę soli i ½ łyżeczki białego pieprzu. Delikatnie wymieszaj, przełóż do osobnych misek i posyp orzeszkami piniowymi i olejem.

73. Maqluba

Sprawia: 4 DO 6

SKŁADNIKI

- 2 średnie bakłażany (łącznie 650 g) pokrojone w 0,5 cm plasterki
- 1⅓ szklanki / 320 g ryżu basmati
- 6 do 8 udek z kurczaka bez kości, ze skórą, łącznie około 800 g
- 1 duża cebula, przekrojona wzdłuż
- 10 ziaren czarnego pieprzu
- 2 liście laurowe
- 4 szklanki / 900 ml wody
- olej słonecznikowy do smażenia
- 1 średni kalafior (500 g), podzielony na duże różyczki
- roztopione masło do wysmarowania patelni
- 3 do 4 średnio dojrzałych pomidorów (w sumie 350 g) pokrojonych w plastry o grubości ¼ cala / 0,5 cm
- 4 duże ząbki czosnku, przekrojone na pół
- 1 łyżeczka mielonej kurkumy
- 1 łyżeczka mielonego cynamonu
- 1 łyżeczka mielonego ziela angielskiego
- ¼ łyżeczki świeżo zmielonego czarnego pieprzu
- 1 łyżeczka mieszanki przypraw Baharat (kupiona w sklepie lub zobacz przepis)
- 3½ łyżki / 30 g orzeszków piniowych, smażonych na złoty kolor na 1 łyżce / 15 g ghee lub niesolonego masła
- Jogurt z ogórkiem do podania
- sól

INSTRUKCJE

a) Plasterki bakłażana układamy na ręcznikach papierowych, posypujemy z obu stron solą i odstawiamy na 20 minut, aby odparować.

b) Ryż umyj i namocz w dużej ilości zimnej wody z 1 łyżeczką soli na co najmniej 30 minut.

c) W międzyczasie rozgrzej duży rondel na średnim ogniu i smaż kurczaka przez 3 do 4 minut z każdej strony, aż uzyska złoty kolor (skórka kurczaka powinna wytworzyć wystarczającą ilość oleju, aby ją ugotować; w razie potrzeby dodaj trochę oleju słonecznikowego). Dodać cebulę, ziarna pieprzu, liście laurowe i wodę. Doprowadzić do wrzenia, następnie przykryć i gotować na małym ogniu przez 20 minut. Zdejmij kurczaka z patelni i odłóż go na bok. Bulion odcedź i zachowaj na później, obierając z tłuszczu.

d) Podczas smażenia kurczaka rozgrzej rondelek lub piekarnik holenderski, najlepiej z powłoką nieprzywierającą, o średnicy około 24 cm i głębokości 12 cm, na średnim ogniu. Dodaj tyle oleju słonecznikowego, aby sięgał około 2 cm do boków patelni. Kiedy na powierzchni zaczną pojawiać się bąbelki, ostrożnie (może pluć!) włóż kilka różyczek kalafiora do oleju i smaż na złoty kolor, do 3 minut. Pierwszą porcję przełóż łyżką cedzakową na ręczniki papierowe i posyp solą. Powtórzyć z pozostałym kalafiorem.

e) Plasterki bakłażana osusz ręcznikiem papierowym i smaż je podobnie partiami.

f) Usuń olej z patelni i wytrzyj patelnię do czysta. Jeśli nie jest to patelnia z powłoką nieprzywierającą, wyłóż jej dno krążkiem papieru pergaminowego przyciętym dokładnie do tego rozmiaru i posmaruj boki odrobiną roztopionego masła. Teraz możesz ułożyć warstwę maqluby.

g) Zacznij od ułożenia plasterków pomidora w jednej warstwie, nakładając się na siebie, a następnie ułóż plastry bakłażana. Następnie ułóż kawałki kalafiora i udka z kurczaka. Ryż dobrze odcedź i rozłóż na ostatniej warstwie, a na wierzchu połóż kawałki czosnku. Odmierz 3 szklanki / 700 ml zarezerwowanego bulionu z kurczaka i wymieszaj wszystkie przyprawy oraz 1 łyżeczkę soli. Wlać tę mieszaninę do ryżu i delikatnie docisnąć rękami, upewniając się, że cały ryż jest pokryty bulionem. W razie potrzeby dodaj odrobinę bulionu lub wody.

h) Postaw patelnię na średnim ogniu i zagotuj; bulion nie musi się mocno gotować, ale należy się upewnić, że dobrze się zagotuje, zanim przykryjesz patelnię pokrywką, zmniejszysz ogień do niskiego i gotujesz na małym ogniu przez 30 minut. Nie ulegaj pokusie odkrycia patelni; musisz pozwolić, aby ryż odpowiednio odparował. Zdejmij patelnię z ognia, zdejmij pokrywkę i szybko połóż na niej czystą ściereczkę, a następnie ponownie przykryj pokrywką. Pozostawić na 10 minut.

i) Gdy wszystko będzie już gotowe, zdejmij pokrywkę, odwróć duży okrągły talerz lub półmisek nad otwartą patelnią i ostrożnie, ale szybko odwróć patelnię i talerz, mocno trzymając obie strony. Pozostaw patelnię na talerzu na 2–3 minuty, a następnie powoli i ostrożnie ją zdejmij. Udekoruj orzeszkami piniowymi i podawaj z jogurtem z ogórkiem.

74. Kuskus z pomidorami i cebulą

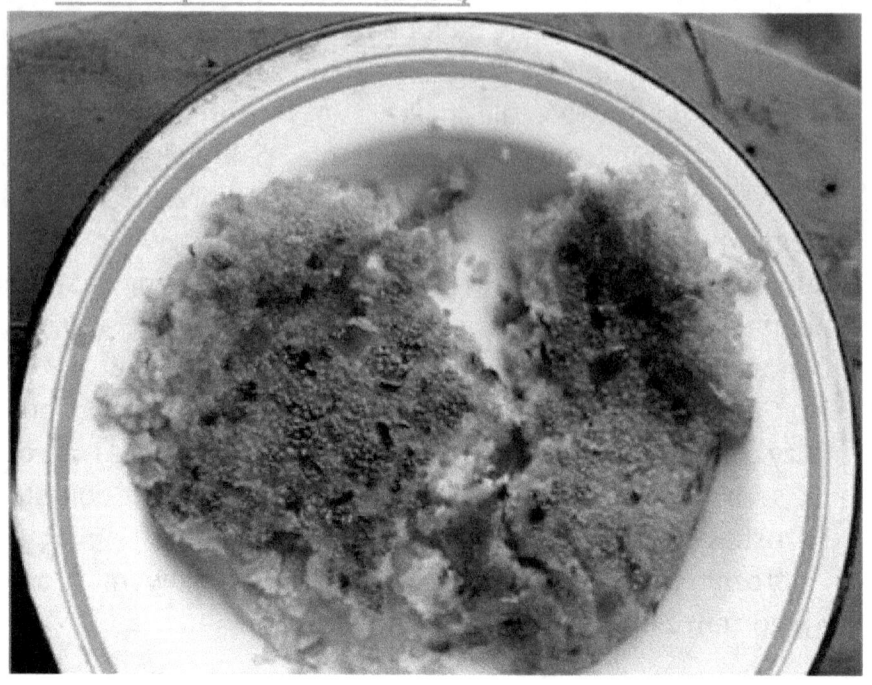

Sprawia: 4

SKŁADNIKI
- 3 łyżki oliwy z oliwek
- 1 średnia cebula, drobno posiekana (w sumie 1 szklanka / 160 g)
- 1 łyżka koncentratu pomidorowego
- ½ łyżeczki cukru
- 2 bardzo dojrzałe pomidory, pokrojone w 0,5 cm kostkę (w sumie 1¾ szklanki / 320 g)
- 1 szklanka / 150 g kuskusu
- 1 szklanka / 220 ml wrzącego bulionu drobiowego lub warzywnego
- 2½ łyżki / 40 g niesolonego masła
- sól i świeżo zmielony czarny pieprz

INSTRUKCJE

a) Wlej 2 łyżki oliwy z oliwek na patelnię z powłoką nieprzywierającą o średnicy około 8½ cala / 22 cm i postaw na średnim ogniu. Dodaj cebulę i smaż przez 5 minut, często mieszając, aż zmięknie, ale nie zmieni koloru. Wymieszaj koncentrat pomidorowy i cukier i gotuj przez 1 minutę. Dodaj pomidory, ½ łyżeczki soli i trochę czarnego pieprzu i gotuj przez 3 minuty.

b) W międzyczasie do płytkiej miski włóż kuskus, zalej wrzącym bulionem i przykryj folią. Odstawić na 10 minut, następnie zdjąć przykrycie i rozgnieść kuskus widelcem. Dodaj sos pomidorowy i dobrze wymieszaj.

c) Wytrzyj patelnię do czysta i podgrzej masło i pozostałą 1 łyżkę oliwy z oliwek na średnim ogniu. Gdy masło się rozpuści, przełóż kuskus na patelnię i delikatnie wklep go grzbietem łyżki, tak aby wszystko było dobrze ułożone. Przykryj patelnię, zmniejsz ogień do najniższego poziomu i pozwól kuskusowi parzyć przez 10 do 12 minut, aż na brzegach pojawi się jasnobrązowy kolor. Użyj szpatułki lub noża, aby zajrzeć pomiędzy krawędź kuskusu a brzegi patelni: chcesz, aby brzegi były naprawdę ostre na całym dnie i po bokach.

d) Odwróć duży talerz na wierzchu patelni i szybko odwróć patelnię i talerz, uwalniając kuskus na talerz. Podawać na ciepło lub w temperaturze pokojowej.

SAŁATKI

75. Sałatka ze szpinaku baby z daktylami i migdałami

Sprawia: 4

SKŁADNIKI

- 1 łyżka białego octu winnego
- ½ średniej czerwonej cebuli, pokrojonej w cienkie plasterki
- 100 g daktyli Medjool, bez pestek, podzielonych wzdłuż na ćwiartki
- 2 łyżki / 30 g niesolonego masła
- 2 łyżki oliwy z oliwek
- 2 małe pity, około 100 g, z grubsza podzielone na 4 cm kawałki
- ½ szklanki / 75 g całych, niesolonych migdałów, grubo posiekanych
- 2 łyżeczki sumaku
- ½ łyżeczki płatków chili
- 150 g liści szpinaku baby
- 2 łyżki świeżo wyciśniętego soku z cytryny
- sól

INSTRUKCJE

a) Do małej miski włóż ocet, cebulę i daktyle. Dodaj szczyptę soli i dobrze wymieszaj rękoma. Pozostawić do marynowania na 20 minut, następnie odsączyć resztki octu i wyrzucić.

b) W międzyczasie podgrzej masło i połowę oliwy z oliwek na średniej patelni na średnim ogniu. Dodaj pitę i migdały i smaż przez 4 do 6 minut, cały czas mieszając, aż pita będzie chrupiąca i złocistobrązowa. Zdjąć z ognia i wymieszać z sumakiem, płatkami chili i ¼ łyżeczki soli. Odstawić do ostygnięcia.

c) Kiedy będziesz gotowy do podania, wrzuć liście szpinaku z mieszanką pita do dużej miski. Dodaj daktyle i czerwoną cebulę, pozostałą oliwę z oliwek, sok z cytryny i kolejną szczyptę soli. Dopraw do smaku i natychmiast podawaj.

76. Sałatka z surowych karczochów i ziół

Sprawia: 2

SKŁADNIKI
- 2 lub 3 duże karczochy kuliste (w sumie 700 g)
- 3 łyżki świeżo wyciśniętego soku z cytryny
- 4 łyżki oliwy z oliwek
- 2 szklanki / 40 g rukoli
- ½ szklanki / 15 g porwanych liści mięty
- ½ szklanki / 15 g porwanych liści kolendry
- 30 g sera pecorino toscano lub romano, cienko pokrojonego
- Sól morska Maldon i świeżo zmielony czarny pieprz

INSTRUKCJE

a) Przygotuj miskę wody wymieszanej z połową soku z cytryny. Usuń łodygę z 1 karczocha i zdejmij twarde zewnętrzne liście. Gdy dojdziesz do bardziej miękkich, bladych liści, użyj dużego, ostrego noża, aby przeciąć kwiat tak, aby pozostała dolna ćwiartka. Za pomocą małego, ostrego noża lub obieraczki do warzyw usuń zewnętrzne warstwy karczocha, aż odsłonięta zostanie podstawa lub spód. Wyskrobujemy włochaty „dławik" i wkładamy bazę do zakwaszonej wody. Odrzuć resztę, a następnie powtórz z pozostałymi karczochami.

b) Odcedzić karczochy i osuszyć papierowymi ręcznikami. Za pomocą mandoliny lub dużego, ostrego noża pokrój karczochy w cienkie jak papier plasterki i przełóż do dużej miski. Skropić pozostałym sokiem z cytryny, dodać oliwę z oliwek i dobrze wymieszać. Jeśli chcesz, możesz zostawić karczoch na kilka godzin w temperaturze pokojowej. Gdy będzie gotowy do podania, dodaj rukolę, miętę i kolendrę do karczocha i dopraw hojną ¼ łyżeczki soli i dużą ilością świeżo zmielonego czarnego pieprzu.

c) Delikatnie wymieszaj i ułóż na talerzach. Udekoruj wiórkami pecorino.

77. Sałatka z pietruszki i jęczmienia

Sprawia: 4

SKŁADNIKI
- ¼ szklanki / 40 g kaszy perłowej
- 150 g sera feta
- 5½ łyżki oliwy z oliwek
- 1 łyżeczka zataru
- ½ łyżeczki nasion kolendry, lekko uprażonych i rozgniecionych
- ¼ łyżeczki mielonego kminku
- 80 g pietruszki płaskolistnej, liści i delikatnych łodyg
- 4 zielone cebule, drobno posiekane (⅓ szklanki / łącznie 40 g)
- 2 ząbki czosnku, zmiażdżone
- ⅓ szklanki / 40 g orzechów nerkowca, lekko uprażonych i grubo pokruszonych
- 1 zielona papryka, pozbawiona nasion i pokrojona w 1 cm kostkę
- ½ łyżeczki mielonego ziela angielskiego
- 2 łyżki świeżo wyciśniętego soku z cytryny
- sól i świeżo zmielony czarny pieprz

INSTRUKCJE

a) Kaszę perłową włóż do małego rondla, zalej dużą ilością wody i gotuj przez 30 do 35 minut, aż będzie miękka, ale z kęsem. Przelać na drobne sitko, wstrząsnąć, aby usunąć całą wodę i przełożyć do dużej miski.

b) Pokrój fetę na grube kawałki o wielkości około 2 cm i wymieszaj w małej misce z 1 1/2 łyżki oliwy z oliwek, zatarem, nasionami kolendry i kminkiem. Delikatnie wymieszaj i pozostaw do marynowania, podczas gdy będziesz przygotowywać resztę sałatki.

c) Drobno posiekaj natkę pietruszki i włóż do miski razem z zieloną cebulą, czosnkiem, orzechami nerkowca, pieprzem, zielem angielskim, sokiem z cytryny, pozostałą oliwą z oliwek i ugotowaną kaszą jęczmienną. Dobrze wymieszaj i dopraw do smaku. Przed podaniem podziel sałatkę na cztery talerze i posyp marynowaną fetą.

78. Mieszana sałatka z fasoli

Sprawia: 4

SKŁADNIKI
- 280 g żółtej fasoli, przyciętej (jeśli jest niedostępna, podwoić ilość zielonej fasolki)
- 280 g zielonej fasolki, przyciętej
- 2 czerwone papryki, pokrojone w paski o długości ¼ cala / 0,5 cm
- 3 łyżki oliwy z oliwek, plus 1 łyżeczka do papryki
- 3 ząbki czosnku, pokrojone w cienkie plasterki
- 6 łyżek / 50 g kaparów, opłukanych i osuszonych
- 1 łyżeczka nasion kminku
- 2 łyżeczki nasion kolendry
- 4 zielone cebule, pokrojone w cienkie plasterki
- ⅓ szklanki / 10 g estragonu, grubo posiekanego
- ⅔ szklanki / 20 g zrywanych liści trybuli (lub mieszanki selera i posiekanej natki pietruszki)
- otarta skórka z 1 cytryny
- sól i świeżo zmielony czarny pieprz

INSTRUKCJE
a) Rozgrzej piekarnik do 220°C/450°F.
b) Zagotuj dużą patelnię z dużą ilością wody i dodaj żółtą fasolę. Po 1 minucie dodaj fasolkę szparagową i gotuj przez kolejne 4 minuty lub do momentu, aż fasola będzie ugotowana, ale nadal chrupiąca. Odświeżyć pod lodowatą wodą, odcedzić, osuszyć i włożyć do dużej miski.
c) W międzyczasie wrzuć paprykę na 1 łyżeczkę oleju, rozłóż na blasze do pieczenia i włóż do piekarnika na 5 minut lub do miękkości. Wyjmij z piekarnika i dodaj do miski z ugotowaną fasolą.
d) W małym rondlu rozgrzej 3 łyżki oliwy z oliwek. Dodaj czosnek i smaż przez 20 sekund; dodać kapary (uważaj, plują!) i smażyć kolejne 15 sekund. Dodaj kminek i nasiona kolendry i

kontynuuj smażenie przez kolejne 15 sekund. Czosnek powinien już zmienić kolor na złoty. Zdejmij z ognia i natychmiast wlej zawartość patelni na fasolę. Wymieszaj i dodaj zieloną cebulę, zioła, skórkę z cytryny, dużą ¼ łyżeczki soli i czarny pieprz.

e) Podawać lub przechowywać w lodówce do jednego dnia. Pamiętaj tylko o doprowadzeniu do temperatury pokojowej przed podaniem.

79. Sałatka z kalarepy

Sprawia: 4

SKŁADNIKI
- 3 średnie kalarepy (w sumie 750 g)
- ⅓ szklanki / 80 g jogurtu greckiego
- 5 łyżek / 70 g kwaśnej śmietany
- 3 łyżki serka mascarpone
- 1 mały ząbek czosnku, zmiażdżony
- 1 ½ łyżeczki świeżo wyciśniętego soku z cytryny
- 1 łyżka oliwy z oliwek
- 2 łyżki drobno posiekanej świeżej mięty
- 1 łyżeczka suszonej mięty
- ok. 12 gałązek / 20 g młodej rzeżuchy
- ¼ łyżeczki sumaku
- sól i biały pieprz

INSTRUKCJE

a) Kalarepę obierz, pokrój w kostkę o średnicy 1,5 cm i włóż do dużej miski. Odstawić i zrobić dressing.

b) Do średniej miski włóż jogurt, śmietanę, mascarpone, czosnek, sok z cytryny i oliwę z oliwek. Dodaj ¼ łyżeczki soli i zdrowego mielonego pieprzu i ubijaj, aż masa będzie gładka. Do kalarepy dodać dressing, następnie świeżą i suszoną miętę oraz połowę rzeżuchy.

c) Delikatnie wymieszaj, a następnie ułóż na naczyniu do serwowania. Na wierzchu ułóż pozostałą rzeżuchę i posyp sumakiem.

80. Pikantna sałatka z marchwi

Sprawia: 4

SKŁADNIKI
- 6 dużych obranych marchewek (w sumie około 700 g)
- 3 łyżki oleju słonecznikowego
- 1 duża cebula, drobno posiekana (w sumie 2 szklanki / 300 g)
- 1 łyżka Pilpelchuma lub 2 łyżki harissy (kupiona w sklepie lub zobacz przepis)
- ½ łyżeczki mielonego kminku
- ½ łyżeczki kminku, świeżo zmielonego
- ½ łyżeczki cukru
- 3 łyżki octu jabłkowego
- 1½ szklanki / 30 g liści rukoli
- sól

INSTRUKCJE
a) Marchewkę włóż do dużego rondla, zalej wodą i zagotuj. Zmniejsz ogień, przykryj i gotuj przez około 20 minut, aż marchewki będą po prostu miękkie. Odcedź i gdy ostygnie, pokrój w plasterki o grubości ¼ cala / 0,5 cm.
b) Podczas smażenia marchewki na dużej patelni rozgrzej połowę oleju. Dodaj cebulę i smaż na średnim ogniu przez 10 minut, aż uzyskasz złoty kolor.
c) Do dużej miski przełóż podsmażoną cebulę, dodaj pilpelchumę, kminek, kminek, ¾ łyżeczki soli, cukier, ocet i pozostały olej. Dodaj marchewki i dobrze wymieszaj. Odstawić na co najmniej 30 minut, aby smaki się przegryzły.
d) Ułóż sałatkę na dużym talerzu, posypując rukolą.

81. Sałatka frykasowa

Sprawia: 4

SKŁADNIKI
- 4 gałązki rozmarynu
- 4 liście laurowe
- 3 łyżki czarnego pieprzu
- około 1⅔ szklanki / 400 ml oliwy z oliwek z pierwszego tłoczenia
- 300 g steku z tuńczyka, w jednym lub dwóch kawałkach
- 600 g ziemniaków Yukon Gold, obranych i pokrojonych na 2-centymetrowe kawałki
- ½ łyżeczki mielonej kurkumy
- 5 filetów anchois, grubo posiekanych
- 3 łyżki pasty harissa (kupiona w sklepie lub zobacz przepis)
- 4 łyżki kaparów
- 2 łyżeczki drobno posiekanej konserwowanej skórki cytrynowej (kupiona w sklepie lub zobacz przepis)
- ½ szklanki / 60 g czarnych oliwek, wypestkowanych i przekrojonych na połówki
- 2 łyżki świeżo wyciśniętego soku z cytryny
- 140 g zakonserwowanych papryczek piquillo (około 5 papryczek), porwanych w szorstkie paski
- 4 duże jajka, ugotowane na twardo, obrane i pokrojone na ćwiartki
- 2 młode sałaty gem (w sumie około 140 g), oddzielone i podarte liście
- ⅔ uncji / 20 g pietruszki płaskolistnej, liście zebrane i podarte
- sól

INSTRUKCJE

a) Aby przygotować tuńczyka, włóż rozmaryn, liście laurowe i ziarna pieprzu do małego rondla i dodaj oliwę z oliwek. Rozgrzej olej do temperatury tuż poniżej temperatury wrzenia, kiedy na powierzchni zaczną pojawiać się małe pęcherzyki. Ostrożnie dodaj tuńczyka (tuńczyk musi być całkowicie przykryty; jeśli nie, rozgrzej więcej oleju i dodaj na patelnię). Zdjąć z ognia i odstawić na kilka godzin bez przykrycia, następnie przykryć patelnię i wstawić do lodówki na co najmniej 24 godziny.

b) Gotuj ziemniaki z kurkumą w dużej ilości osolonego wrzątku przez 10 do 12 minut, aż będą ugotowane. Ostrożnie odcedź, uważając, aby woda z kurkumy się nie rozlała (usunięcie plam będzie trudne!) i włóż do dużej miski. Gdy ziemniaki są jeszcze gorące, dodaj anchois, harissę, kapary, konserwowaną cytrynę, oliwki, 6 łyżek / 90 ml oliwy konserwującej tuńczyka i trochę ziaren pieprzu z oliwy. Delikatnie wymieszaj i pozostaw do ostygnięcia.

c) Wyjmij tuńczyka z pozostałego oleju, pokrój go na kawałki wielkości kęsa i dodaj do sałatki. Dodać sok z cytryny, paprykę, jajka, sałatę i natkę pietruszki. Delikatnie wymieszaj, posmakuj, dodaj sól, jeśli potrzeba, i ewentualnie więcej oleju, a następnie podawaj.

82. Pikantna ciecierzyca i sałatka jarzynowa

Sprawia: 4

SKŁADNIKI

- ½ szklanki / 100 g suszonej ciecierzycy
- 1 łyżeczka sody oczyszczonej
- 2 małe ogórki (w sumie 280 g)
- 2 duże pomidory (w sumie 300 g)
- 240 g rzodkiewek
- 1 czerwona papryka, pozbawiona nasion i żeberek
- 1 mała czerwona cebula, obrana
- ⅔ uncji / 20 g liści i łodyg kolendry, grubo posiekanych
- 15 g pietruszki płaskolistnej, grubo posiekanej
- 6 łyżek / 90 ml oliwy z oliwek
- otarta skórka z 1 cytryny plus 2 łyżki soku
- 1 ½ łyżki octu sherry
- 1 ząbek czosnku, zmiażdżony
- 1 łyżeczka drobnego cukru
- 1 łyżeczka mielonego kardamonu
- 1 ½ łyżeczki mielonego ziela angielskiego
- 1 łyżeczka mielonego kminku
- Jogurt grecki (opcjonalnie)
- sól i świeżo zmielony czarny pieprz

INSTRUKCJE

a) Suszoną ciecierzycę namocz na noc w dużej misce z dużą ilością zimnej wody i sody oczyszczonej. Następnego dnia odcedzić, przełożyć do dużego rondla i zalać wodą dwukrotnie większą niż ciecierzyca. Doprowadzić do wrzenia i gotować na wolnym ogniu, usuwając pianę, przez około godzinę, aż będzie całkowicie miękka, następnie odcedzić.

b) Pokrój ogórek, pomidor, rzodkiewkę i paprykę w kostkę o średnicy ⅔ cala / 1,5 cm; Cebulę pokroić w kostkę o średnicy ¼ cala / 0,5 cm. Wszystko wymieszaj w misce z kolendrą i pietruszką.

c) W słoiku lub zamykanym pojemniku wymieszaj 5 łyżek / 75 ml oliwy z oliwek, sok i skórkę z cytryny, ocet, czosnek i cukier, dobrze wymieszaj, aby powstał dressing, a następnie dopraw do smaku solą i pieprzem. Sosem polej sałatkę i lekko wymieszaj.

d) Wymieszaj kardamon, ziele angielskie, kminek i ¼ łyżeczki soli i rozłóż na talerzu. W kilku partiach wrzucaj ugotowaną ciecierzycę do mieszanki przypraw, tak aby dobrze ją pokryła. Rozgrzej pozostałą oliwę z oliwek na patelni na średnim ogniu i lekko smaż ciecierzycę przez 2 do 3 minut, delikatnie potrząsając patelnią, aby równomiernie się usmażyła i nie przykleiła. Trzymaj się ciepło.

e) Rozłóż sałatkę na czterech talerzach, układając ją w duży okrąg i połóż na niej ciepłą, przyprawioną ciecierzycę, tak aby brzegi sałatki były czyste. Aby sałatka była kremowa, można posmarować wierzch jogurtem greckim.

83. Sałatka z grubej cukinii i pomidorów

Sprawia: 6

SKŁADNIKI
- 8 jasnozielonych cukinii lub zwykłej cukinii (w sumie około 1 kg)
- 5 dużych, bardzo dojrzałych pomidorów (w sumie 800 g)
- 3 łyżki oliwy z oliwek, plus dodatkowa ilość do wykończenia
- 2½ szklanki / 300 g jogurtu greckiego
- 2 ząbki czosnku, zmiażdżone
- 2 czerwone chili, pozbawione nasion i posiekane
- otarta skórka z 1 średniej cytryny i 2 łyżki świeżo wyciśniętego soku z cytryny
- 1 łyżka syropu daktylowego, plus dodatkowa ilość do wykończenia
- 2 szklanki / 200 g orzechów włoskich, grubo posiekanych
- 2 łyżki posiekanej mięty
- ⅔ uncji / 20 g posiekanej natki pietruszki płaskolistnej
- sól i świeżo zmielony czarny pieprz

INSTRUKCJE
a) Rozgrzej piekarnik do 220°C/425°F. Połóż prążkowaną patelnię grillową na dużym ogniu.

b) Cukinie obierz i przekrój wzdłuż na pół. Pomidory również przekrój na pół. Cukinię i pomidory posmaruj oliwą po przekrojonej stronie, dopraw solą i pieprzem.

c) W tym momencie patelnia grillowa powinna być już gorąca. Zacznij od cukinii. Połóż kilka sztuk na patelni, przecięciem do dołu i smaż przez 5 minut; cukinia powinna być ładnie przypieczona z jednej strony. Teraz usuń cukinię i powtórz ten sam proces z pomidorami. Warzywa ułożyć na brytfance i wstawić do piekarnika na około 20 minut, aż cukinia będzie bardzo miękka.

d) Wyjmij patelnię z piekarnika i poczekaj, aż warzywa lekko ostygną. Posiekaj je grubo i pozostaw do odciekniecia na durszlaku na 15 minut.

e) W dużej misce wymieszaj jogurt, czosnek, chili, skórkę i sok z cytryny oraz melasę. Dodaj posiekane warzywa, orzechy włoskie, miętę i większość natki pietruszki i dobrze wymieszaj. Doprawić ¾ łyżeczki soli i odrobiną pieprzu.

f) Przełóż sałatkę na duży, płytki talerz i rozłóż ją. Udekoruj pozostałą natką pietruszki. Na koniec skrop syropem daktylowym i oliwą z oliwek.

84. Pikantna sałatka z buraków, pora i orzechów włoskich

SKŁADNIKI

- 4 średnie buraki (w sumie 600 g po ugotowaniu i obraniu)
- 4 średnie pory, pokrojone na 10 cm segmenty (w sumie 4 filiżanki / 360 g)
- 15 g kolendry, grubo posiekanej
- 1¼ szklanki / 25 g rukoli
- ⅓ szklanki / 50 g pestek granatu (opcjonalnie)
- UBIERANIE SIĘ
- 1 szklanka / 100 g orzechów włoskich, grubo posiekanych
- 4 ząbki czosnku, drobno posiekane
- ½ łyżeczki płatków chili
- ¼ szklanki / 60 ml octu jabłkowego
- 2 łyżki wody tamaryndowej
- ½ łyżeczki oleju z orzechów włoskich
- 2 ½ łyżki oleju arachidowego
- 1 łyżeczka soli

INSTRUKCJE

a) Rozgrzej piekarnik do 220°C/425°F.

b) Buraki zawiń pojedynczo w folię aluminiową i piecz w piekarniku przez 1 do 1,5 godziny, w zależności od ich wielkości. Po ugotowaniu powinno być możliwe łatwe wbicie małego noża w środek. Wyjąć z piekarnika i odstawić do wystygnięcia.

c) Gdy buraki ostygną na tyle, że można je wziąć do ręki, obierz je, przekrój na pół i pokrój każdą połówkę w kliny o grubości 1 cm u podstawy. Włóż do średniej miski i odłóż na bok.

d) Pory włóż do średniego rondla z osoloną wodą, zagotuj i gotuj na wolnym ogniu przez 10 minut, aż będą ugotowane; ważne jest, aby delikatnie je dusić i nie rozgotować, aby się nie rozpadły. Odcedzić i odświeżyć pod zimną wodą, następnie bardzo ostrym ząbkowanym nożem przeciąć każdy segment na 3 mniejsze kawałki i osuszyć. Przełożyć do miski, oddzielić od buraków i odstawić.

e) W czasie smażenia warzyw wymieszaj wszystkie składniki sosu i odstaw na bok na co najmniej 10 minut, aby wszystkie smaki się połączyły.

f) Podzielić sos orzechowy i kolendrę równo pomiędzy buraki i pory i delikatnie wymieszać. Spróbować obu i w razie potrzeby dodać więcej soli.

g) Aby przygotować sałatkę, rozłóż większość buraków na półmisku, połóż na niej trochę rukoli, następnie większość porów, następnie pozostałe buraki, a na koniec dodaj więcej porów i rukoli. Posyp pestkami granatu, jeśli go używasz, i podawaj.

85. Sałatka z pieczonego kalafiora i orzechów laskowych

Daje: 2 DO 4

SKŁADNIKI

- 1 główka kalafiora, podzielona na małe różyczki (łącznie 660 g)
- 5 łyżek oliwy z oliwek
- 1 duża łodyga selera, pokrojona pod kątem na 0,5 cm plasterki (⅔ szklanki / łącznie 70 g)
- 5 łyżek / 30 g orzechów laskowych ze skórką
- ⅓ szklanki / 10 g drobno zerwanych listków pietruszki płaskolistnej
- ⅓ szklanki / 50 g pestek granatu (z około ½ średniego granatu)
- hojna ¼ łyżeczki mielonego cynamonu
- hojnie ¼ łyżeczki zmielonego ziela angielskiego
- 1 łyżka octu sherry
- 1 ½ łyżeczki syropu klonowego
- sól i świeżo zmielony czarny pieprz

INSTRUKCJE

a) Rozgrzej piekarnik do 220°C/425°F.
b) Wymieszaj kalafior z 3 łyżkami oliwy z oliwek, ½ łyżeczki soli i odrobiną czarnego pieprzu. Rozłóż na blaszce do pieczenia i piecz na górnej półce piekarnika przez 25 do 35 minut, aż kalafior będzie chrupiący, a jego części staną się złotobrązowe. Przełożyć do dużej miski i odstawić do ostygnięcia.
c) Zmniejsz temperaturę piekarnika do 170°C. Rozłóż orzechy laskowe na blaszce wyłożonej papierem do pieczenia i piecz przez 17 minut.
d) Pozwól orzechom trochę ostygnąć, następnie grubo je posiekaj i dodaj do kalafiora wraz z pozostałym olejem i resztą składników. Wymieszaj, posmakuj i dopraw odpowiednio solą i pieprzem. Podawać w temperaturze pokojowej.

ZUPY

86. Zupa z rzeżuchy i ciecierzycy z wodą różaną

Sprawia: 4

SKŁADNIKI
- 2 średnie marchewki (w sumie 250 g), pokrojone w 2-centymetrową kostkę
- 3 łyżki oliwy z oliwek
- 2½ łyżeczki ras el hanout
- ½ łyżeczki mielonego cynamonu
- 1½ szklanki / 240 g gotowanej ciecierzycy, świeżej lub z puszki
- 1 średnia cebula, pokrojona w cienkie plasterki
- 2½ łyżki / 15 g obranego i drobno posiekanego świeżego imbiru
- 2½ szklanki / 600 ml bulionu warzywnego
- 200 g rzeżuchy wodnej
- 100 g liści szpinaku
- 2 łyżeczki drobnego cukru
- 1 łyżeczka wody różanej
- sól
- Jogurt grecki do podania (opcjonalnie)
- Rozgrzej piekarnik do 220°C/425°F.

INSTRUKCJE
a) Wymieszaj marchewki z 1 łyżką oliwy z oliwek, ras el hanout, cynamonem i dużą szczyptą soli i rozłóż na płasko w brytfance wyłożonej papierem pergaminowym. Wstawić do piekarnika na 15 minut, następnie dodać połowę ciecierzycy, dobrze wymieszać i gotować kolejne 10 minut, aż marchewka zmięknie, ale nadal będzie gryzła.

b) W międzyczasie w dużym rondlu umieść cebulę i imbir. Smażyć z pozostałą oliwą z oliwek przez około 10 minut na średnim ogniu, aż cebula będzie całkowicie miękka i złocista. Dodać pozostałą ciecierzycę, bulion, rzeżuchę, szpinak, cukier i ¾ łyżeczki soli, dobrze wymieszać i doprowadzić do wrzenia. Gotuj przez minutę lub dwie, aż liście zwiędną.

c) Za pomocą robota kuchennego lub blendera zmiksuj zupę na gładką masę. Dodaj wodę różaną, zamieszaj, posmakuj i jeśli chcesz, dodaj więcej soli lub wody różanej. Odłóż na bok, aż marchewka i ciecierzyca będą gotowe, a następnie podgrzej i podawaj.

d) Przed podaniem podziel zupę do czterech misek i posyp gorącą marchewką i ciecierzycą oraz, jeśli chcesz, około 2 łyżeczkami jogurtu na porcję.

87. Gorąca zupa jogurtowo-jęczmienna

Sprawia: 4

SKŁADNIKI
- 6¾ szklanki / 1,6 litra wody
- 1 szklanka / 200 g kaszy perłowej
- 2 średnie cebule, drobno posiekane
- 1 ½ łyżeczki suszonej mięty
- 4 łyżki / 60 g niesolonego masła
- 2 duże jajka, ubite
- 2 szklanki / 400 g jogurtu greckiego
- ⅔ uncji / 20 g świeżej mięty, posiekanej
- ⅓ oz / 10 g posiekanej natki pietruszki płaskolistnej
- 3 zielone cebule, pokrojone w cienkie plasterki
- sól i świeżo zmielony czarny pieprz

INSTRUKCJE

a) Zagotuj wodę z jęczmieniem w dużym rondlu, dodaj 1 łyżeczkę soli i gotuj na wolnym ogniu, aż jęczmień będzie ugotowany, ale nadal al dente, 15 do 20 minut. Zdjąć z ognia. Po ugotowaniu będziesz potrzebować 4¾ filiżanek / 1,1 litra płynu do gotowania zupy; uzupełnij wodą, jeśli pozostało jej mniej z powodu parowania.

b) Podczas gotowania jęczmienia podsmaż cebulę i suszoną miętę na średnim ogniu na maśle, aż będą miękkie, około 15 minut. Dodaj to do ugotowanego jęczmienia.

c) W dużej żaroodpornej misce wymieszaj jajka i jogurt. Powoli dodawaj trochę jęczmienia i wody, chochla po łyżce, aż jogurt się rozgrzeje. Dzięki temu jogurt i jajka nie będą się rozpadać po dodaniu do gorącego płynu. Dodaj jogurt do garnka z zupą i wróć do średniego ognia, ciągle mieszając, aż zupa zacznie lekko wrzeć. Zdejmij z ognia, dodaj posiekane zioła i dymkę, sprawdź doprawienie. Podawać na gorąco.

88. Zupa z fasoli cannellini i jagnięciny

Sprawia: 4

SKŁADNIKI

- 1 łyżka oleju słonecznikowego
- 1 mała cebula (w sumie 150 g), drobno posiekana
- ¼ małego korzenia selera, obranego i pokrojonego w 0,5 cm kostkę (łącznie 170 g)
- 20 dużych ząbków czosnku, obranych, ale w całości
- 1 łyżeczka mielonego kminku
- 500 g gulaszu jagnięcego (lub wołowiny, jeśli wolisz), pokrojonego w 2-centymetrową kostkę
- 7 filiżanek / 1,75 litra wody
- ½ szklanki / 100 g suszonej fasoli cannellini lub pinto, namoczonej przez noc w dużej ilości zimnej wody, następnie odcedzonej
- 7 strąków kardamonu, lekko rozgniecionych
- ½ łyżeczki mielonej kurkumy
- 2 łyżki koncentratu pomidorowego
- 1 łyżeczka drobnego cukru
- 250 g Yukon Gold lub inny ziemniak o żółtym miąższu, obrany i pokrojony w 2-centymetrową kostkę
- sól i świeżo zmielony czarny pieprz
- chleb, do podania
- świeżo wyciśnięty sok z cytryny, do podania
- posiekana kolendra lub Zhoug

INSTRUKCJE

a) Rozgrzej olej na dużej patelni i smaż cebulę i korzeń selera na średnim ogniu przez 5 minut lub do momentu, aż cebula zacznie się rumienić. Dodaj ząbki czosnku i kminek i smaż przez kolejne 2 minuty. Zdejmij z ognia i odłóż na bok.

b) Mięso i wodę umieścić w dużym rondlu lub piekarniku holenderskim na średnim ogniu, doprowadzić do wrzenia, zmniejszyć ogień i gotować na wolnym ogniu przez 10 minut, często muskając powierzchnię, aż uzyska się klarowny bulion. Dodać mieszankę cebuli i selera, odsączoną fasolę, kardamon, kurkumę, koncentrat pomidorowy i cukier. Doprowadzić do wrzenia, przykryć i gotować na wolnym ogniu przez 1 godzinę lub do momentu, aż mięso będzie miękkie.

c) Dodaj ziemniaki do zupy i dopraw 1 łyżeczką soli i ½ łyżeczki czarnego pieprzu. Doprowadzić ponownie do wrzenia, zmniejszyć ogień i gotować bez przykrycia przez kolejne 20 minut lub do momentu, aż ziemniaki i fasola będą miękkie. Zupa powinna być gęsta. W razie potrzeby odczekaj trochę dłużej, aby zredukować ilość wody lub dodać trochę wody. Posmakuj i dodaj więcej przypraw według własnych upodobań. Podawaj zupę z pieczywem, odrobiną soku z cytryny i świeżą posiekaną kolendrą lub zhougiem.

89. Zupa z owoców morza i kopru włoskiego

Sprawia: 4

SKŁADNIKI
- 2 łyżki oliwy z oliwek
- 4 ząbki czosnku, pokrojone w cienkie plasterki
- 2 bulwy kopru włoskiego (łącznie 300 g), przycięte i pokrojone w cienkie kliny
- 1 duży ziemniak woskowy (w sumie 200 g), obrany i pokrojony w kostkę o boku 1,5 cm
- 3 szklanki / 700 ml bulionu rybnego (lub bulionu drobiowego lub warzywnego, jeśli wolisz)
- ½ średnio zakonserwowanej cytryny (w sumie 15 g), kup w sklepie lub zobacz przepis
- 1 czerwone chili, pokrojone (opcjonalnie)
- 6 pomidorów (w sumie 400 g), obranych i pokrojonych na ćwiartki
- 1 łyżka słodkiej papryki
- dobra szczypta szafranu
- 4 łyżki drobno posiekanej natki pietruszki płaskolistnej
- 4 filety z okonia morskiego (w sumie około 300 g), ze skórą, przekrojone na pół
- 14 małży (w sumie około 220 g)
- 15 małży (w sumie około 140 g)
- 10 krewetek tygrysich (w sumie około 220 g) w skorupach lub obranych i oczyszczonych
- 3 łyżki araku, ouzo lub Pernodu
- 2 łyżeczki posiekanego estragonu (opcjonalnie)
- sól i świeżo zmielony czarny pieprz

INSTRUKCJE

a) Umieść oliwę z oliwek i czosnek na szerokiej patelni z niskim brzegiem i smaż na średnim ogniu przez 2 minuty, nie zabarwiając czosnku. Dodaj koper włoski i ziemniaki i gotuj przez kolejne 3 do 4 minut. Dodać bulion i konserwowaną cytrynę, doprawić ¼ łyżeczki soli i odrobiną czarnego pieprzu, doprowadzić do wrzenia, następnie przykryć i gotować na małym ogniu przez 12 do 14 minut, aż ziemniaki będą ugotowane. Dodaj chili (jeśli używasz), pomidory, przyprawy i połowę natki pietruszki i gotuj przez kolejne 4 do 5 minut.

b) W tym momencie dodaj kolejne 1¼ szklanki / 300 ml wody, czyli tyle, ile potrzeba, aby przykryć rybę podczas gotowania, i ponownie zagotuj. Dodaj okonia morskiego i skorupiaki, przykryj patelnię i gotuj dość mocno przez 3 do 4 minut, aż skorupiaki się otworzą, a krewetki zmienią kolor na różowy.

c) Za pomocą łyżki cedzakowej wyjmij ryby i skorupiaki z zupy. Jeśli zupa jest nadal trochę wodnista, gotuj jeszcze przez kilka minut, aby zupa zredukowała się. Dodać arak i doprawić do smaku.

d) Na koniec włóż z powrotem skorupiaki i ryby do zupy, aby je podgrzać. Podawać od razu, udekorowane pozostałą natką pietruszki i estragonem, jeśli go używasz.

90. Zupa pistacjowa

Sprawia: 4

SKŁADNIKI

- 2 łyżki wrzącej wody
- ¼ łyżeczki nitek szafranu
- 1⅔ szklanki / 200 g niesolonych pistacji łuskanych
- 2 łyżki / 30 g niesolonego masła
- 4 szalotki, drobno posiekane (w sumie 100 g)
- 25 g imbiru, obranego i drobno posiekanego
- 1 por, drobno posiekany (w sumie 1¼ szklanki / 150 g)
- 2 łyżeczki mielonego kminku
- 3 szklanki / 700 ml bulionu z kurczaka
- ⅓ szklanki / 80 ml świeżo wyciśniętego soku pomarańczowego
- 1 łyżka świeżo wyciśniętego soku z cytryny
- sól i świeżo zmielony czarny pieprz
- śmietana, do podania

INSTRUKCJE

a) Rozgrzej piekarnik do 180°C/350°F. Nitki szafranu w małej filiżance zalać wrzącą wodą i pozostawić do zaparzenia na 30 minut.

b) Aby usunąć skórkę z pistacji, blanszuj orzechy we wrzącej wodzie przez 1 minutę, odcedź, a gdy są jeszcze gorące, usuń skórkę, ściskając orzechy między palcami. Nie wszystkie skórki znikną, jak w przypadku migdałów – jest to w porządku, ponieważ nie ma to wpływu na zupę – ale pozbycie się skórki poprawi kolor i sprawi, że stanie się jaśniejsza. Rozłóż pistacje na blasze do pieczenia i piecz w piekarniku przez 8 minut. Wyjmij i pozostaw do ostygnięcia.

c) W dużym rondlu rozgrzej masło, dodaj szalotkę, imbir, por, kminek, ½ łyżeczki soli i trochę czarnego pieprzu. Smażyć na średnim ogniu przez 10 minut, często mieszając, aż szalotka będzie całkowicie miękka. Dodać bulion i połowę płynu szafranowego. Przykryj patelnię, zmniejsz ogień i gotuj zupę przez 20 minut.

d) Umieść wszystkie pistacje oprócz 1 łyżki w dużej misce wraz z połową zupy. Użyj ręcznego blendera, aby zmiksować na gładką masę, a następnie włóż ją z powrotem do rondla. Dodaj sok pomarańczowy i cytrynowy, podgrzej ponownie i posmakuj, aby dostosować przyprawę.

e) Przed podaniem grubo posiekaj zarezerwowane pistacje. Gorącą zupę przelać do miseczek i zalać łyżką kwaśnej śmietany. Posyp pistacjami i skrop pozostałym płynem szafranowym.

91. Zupa z Palonego Bakłażana i Mograbieh

Sprawia: 4

SKŁADNIKI
- 5 małych bakłażanów (w sumie około 1,2 kg)
- olej słonecznikowy do smażenia
- 1 cebula, pokrojona w plasterki (w sumie około 1 szklanki / 125 g)
- 1 łyżka nasion kminku, świeżo zmielonych
- 1 ½ łyżeczki koncentratu pomidorowego
- 2 duże pomidory (w sumie 350 g), obrane ze skóry i pokrojone w kostkę
- 1½ szklanki / 350 ml bulionu drobiowego lub warzywnego
- 1⅔ szklanki / 400 ml wody
- 4 ząbki czosnku, zmiażdżone
- 2 ½ łyżeczki cukru
- 2 łyżki świeżo wyciśniętego soku z cytryny
- ⅓ szklanki / 100 g mograbieh lub alternatywa, np. maftoul, fregola lub kuskus olbrzymi (patrz rozdział o kuskusie)
- 2 łyżki posiekanej bazylii lub 1 łyżka posiekanego koperku, opcjonalnie
- sól i świeżo zmielony czarny pieprz

INSTRUKCJE

a) Zacznij od spalenia trzech bakłażanów. Aby to zrobić, postępuj zgodnie z instrukcją Spalony bakłażan z czosnkiem, cytryną i pestkami granatu .

b) Pozostałe bakłażany pokroić w kostkę o średnicy 1,5 cm. Podgrzej około ⅔ szklanki / 150 ml oleju w dużym rondlu na średnim ogniu. Gdy będzie już gorący, dodaj kostkę bakłażana. Smażyć przez 10 do 15 minut, często mieszając, aż całość się zarumieni; jeśli to konieczne, dodaj trochę więcej oleju, aby zawsze było trochę oleju na patelni. Wyjąć bakłażana, odłożyć na durszlak do odsączenia i posypać solą.

c) Upewnij się, że na patelni została jeszcze około 1 łyżka oleju, następnie dodaj cebulę i kminek i smaż przez około 7 minut, często mieszając. Dodaj koncentrat pomidorowy i gotuj przez kolejną minutę, a następnie dodaj pomidory, bulion, wodę, czosnek, cukier, sok z cytryny, 1 ½ łyżeczki soli i trochę czarnego pieprzu. Gotuj delikatnie przez 15 minut.

d) W międzyczasie zagotuj mały rondelek z osoloną wodą i dodaj mograbieh lub alternatywę. Gotuj aż do al dente; różni się to w zależności od marki, ale powinno zająć od 15 do 18 minut (sprawdź opakowanie). Odcedzić i odświeżyć pod zimną wodą.

e) Przypalony miąższ bakłażana przełóż do zupy i zmiksuj ręcznym blenderem na gładki płyn. Dodaj mograbieh i smażony bakłażan, zostawiając trochę do dekoracji na koniec i gotuj na wolnym ogniu przez kolejne 2 minuty. Posmakuj i dopraw do smaku. Podawać na gorąco, z zarezerwowaną mograbieh i smażonym bakłażanem na wierzchu i udekorowanym bazylią lub koperkiem, jeśli lubisz.

92. Zupa pomidorowo-zakwasowa

Sprawia: 4

SKŁADNIKI
- 2 łyżki oliwy z oliwek, plus dodatkowa ilość do wykończenia
- 1 duża cebula, posiekana (1⅔ szklanki / łącznie 250 g)
- 1 łyżeczka nasion kminku
- 2 ząbki czosnku, zmiażdżone
- 3 szklanki / 750 ml bulionu warzywnego
- 4 duże, dojrzałe pomidory, posiekane (w sumie 4 szklanki / 650 g)
- jedna puszka 400 g posiekanych włoskich pomidorów
- 1 łyżka drobnego cukru
- 1 kromka chleba na zakwasie (w sumie 40 g)
- 2 łyżki posiekanej kolendry plus trochę na wykończenie
- sól i świeżo zmielony czarny pieprz

INSTRUKCJE
a) W średnim rondlu rozgrzej oliwę i dodaj cebulę. Smażyć przez około 5 minut, często mieszając, aż cebula będzie przezroczysta. Dodaj kminek i czosnek i smaż przez 2 minuty. Wlać bulion, oba rodzaje pomidorów, cukier, 1 łyżeczkę soli i dobrze zmielony czarny pieprz.

b) Doprowadź zupę do lekkiego wrzenia i gotuj przez 20 minut, w połowie gotowania dodając pokrojony na kawałki chleb. Na koniec dodaj kolendrę, a następnie zmiksuj blenderem w kilku impulsach, tak aby pomidory się rozpadły, ale nadal były trochę grube i grube. Zupa powinna być dość gęsta; dodać trochę wody jeśli na tym etapie jest za gęste. Podawać skropione oliwą i posypane świeżą kolendrą.

93. Czysty rosół z knaidlachami

Sprawia: 4
SKŁADNIKI
- 1 kurczak z wolnego wybiegu, około 2 kg, podzielony na ćwiartki, ze wszystkimi kośćmi, plus podroby, jeśli można je zdobyć, oraz dodatkowe skrzydełka lub kości, które można zdobyć od rzeźnika
- 1 ½ łyżeczki oleju słonecznikowego
- 1 szklanka / 250 ml białego wytrawnego wina
- 2 marchewki, obrane i pokrojone w 2-centymetrowe plasterki (w sumie 2 szklanki / 250 g)
- 4 łodygi selera (w sumie około 300 g), pokrojone na 6 cm kawałki
- 2 średnie cebule (w sumie około 350 g), pokrojone na 8 klinów
- 1 duża rzepa (200 g), obrana, przycięta i pokrojona na 8 części
- 2 uncje / 50 g pęczka pietruszki płaskolistnej
- 2 uncje / 50 g pęczka kolendry
- 5 gałązek tymianku
- 1 mała gałązka rozmarynu
- ¾ uncji / 20 g koperku plus trochę do dekoracji
- 3 liście laurowe
- 100 g świeżego imbiru, pokrojonego w cienkie plasterki
- 20 ziaren czarnego pieprzu
- 5 jagód ziela angielskiego
- sól

KNAIDLACH (robi: 12 DO 15)
- 2 bardzo duże jajka
- 2½ łyżki / 40 g margaryny lub tłuszczu z kurczaka, roztopionego i lekko przestudzonego
- 2 łyżki drobno posiekanej natki pietruszki płaskolistnej
- ⅔ szklanki / 75 g mączki macowej
- 4 łyżki wody sodowej
- sól i świeżo zmielony czarny pieprz

INSTRUKCJE

a) Aby przygotować knaidlach, w średniej misce ubij jajka, aż się spienią. Wymieszaj roztopioną margarynę, następnie ½ łyżeczki soli, trochę czarnego pieprzu i natkę pietruszki. Stopniowo dodawaj mączkę macową, a następnie wodę sodową i mieszaj, aż uzyskasz jednolitą pastę. Przykryj miskę i schłódź ciasto, aż będzie zimne i twarde, co najmniej godzinę lub dwie, a nawet na 1 dzień wcześniej.

b) Wyłóż blachę do pieczenia plastikową folią. Wilgotnymi rękami i łyżką formuj z ciasta kulki wielkości małego orzecha włoskiego i układaj je na blasze do pieczenia.

c) Wrzucamy kulki macy do dużego garnka z delikatnie wrzącą, osoloną wodą. Przykryj częściowo pokrywką i zmniejsz ogień do małego. Gotuj delikatnie do miękkości, około 30 minut.

d) Za pomocą łyżki cedzakowej przenieś knaidlach na czystą blachę do pieczenia, gdzie mogą ostygnąć, a następnie schłódź maksymalnie jeden dzień. Lub mogą przejść bezpośrednio do gorącej zupy.

e) Na zupę odetnij nadmiar tłuszczu z kurczaka i wyrzuć go. Wlej olej do bardzo dużego rondla lub piekarnika holenderskiego i obsmaż kawałki kurczaka na dużym ogniu ze wszystkich stron, od 3 do 4 minut. Zdejmij z patelni, wylej olej i wytrzyj patelnię. Dodaj wino i poczekaj minutę, aż zacznie bulgotać. Wrócić kurczaka, zalać wodą i doprowadzić do bardzo delikatnego wrzenia. Gotować około 10 minut, usuwając pianę. Dodać marchewkę, seler, cebulę i rzepę. Wszystkie zioła zwiąż sznurkiem w pęczek i dodaj do garnka. Dodaj liście laurowe, imbir, ziarna pieprzu, ziele angielskie i 1 ½ łyżeczki soli, a następnie zalej taką ilością wody, aby wszystko dobrze przykryło.

f) Doprowadź zupę do bardzo delikatnego wrzenia i gotuj przez 1,5 godziny, od czasu do czasu odtłuszczając i dodając wodę w razie potrzeby, aby wszystko było dobrze przykryte. Wyjmij kurczaka z zupy i usuń mięso z kości. Trzymaj mięso w misce z odrobiną bulionu, aby było wilgotne, i przechowuj w lodówce; zarezerwować do innego użytku. Włóż kości z powrotem do garnka i gotuj na wolnym ogniu przez kolejną godzinę, dodając tyle wody, aby kości i warzywa były przykryte. Odcedź gorącą zupę i wyrzuć zioła, warzywa i kości. Ugotowane knaidlach podgrzej w zupie. Gdy będą gorące, zupę i knaidlach podajemy w płytkich miseczkach, posypane koperkiem.

94. Pikantna zupa freekeh z klopsikami

Sprawia: 6
KLOPSY

SKŁADNIKI
- 400 g mielonej wołowiny, jagnięciny lub kombinacji obu
- 1 mała cebula (w sumie 150 g), pokrojona w drobną kostkę
- 2 łyżki drobno posiekanej natki pietruszki płaskolistnej
- ½ łyżeczki mielonego ziela angielskiego
- ¼ łyżeczki mielonego cynamonu
- 3 łyżki mąki uniwersalnej
- 2 łyżki oliwy z oliwek
- sól i świeżo zmielony czarny pieprz
- ZUPA
- 2 łyżki oliwy z oliwek
- 1 duża cebula (w sumie 250 g), posiekana
- 3 ząbki czosnku, zmiażdżone
- 2 marchewki (w sumie 250 g), obrane i pokrojone w 1 cm kostkę
- 2 łodygi selera (w sumie 150 g), pokrojone w 1 cm kostkę
- 3 duże pomidory (w sumie 350 g), posiekane
- 2½ łyżki / 40 g koncentratu pomidorowego
- 1 łyżka mieszanki przypraw Baharat (kupiona w sklepie lub zobacz przepis)
- 1 łyżka mielonej kolendry
- 1 laska cynamonu
- 1 łyżka drobnego cukru
- 1 szklanka / 150 g popękanego freekehu
- 2 szklanki / 500 ml bulionu wołowego
- 2 szklanki / 500 ml bulionu z kurczaka
- 3¼ szklanki / 800 ml gorącej wody
- ⅓ uncji / 10 g posiekanej kolendry
- 1 cytryna, pokrojona na 6 ćwiartek

INSTRUKCJE

a) Zacznij od klopsików. W dużej misce wymieszaj mięso, cebulę, pietruszkę, ziele angielskie, cynamon, ½ łyżeczki soli i ¼ łyżeczki pieprzu. Używając rąk, dobrze wymieszaj, a następnie uformuj z powstałej masy kulki wielkości ping-ponga i obtocz je w mące; wyjdzie około 15. Rozgrzej oliwę z oliwek w dużym holenderskim piekarniku i smaż klopsiki na średnim ogniu przez kilka minut, aż uzyskają złoty kolor ze wszystkich stron. Wyjąć klopsiki i odłożyć na bok.

b) Wytrzyj patelnię papierowym ręcznikiem i dodaj oliwę do zupy. Na średnim ogniu smaż cebulę i czosnek przez 5 minut. Dodaj marchewkę i seler i smaż przez 2 minuty. Dodać pomidory, koncentrat pomidorowy, przyprawy, cukier, 2 łyżeczki soli i ½ łyżeczki pieprzu i smażyć jeszcze 1 minutę. Dodaj freekeh i gotuj przez 2 do 3 minut. Dodać bulion, gorącą wodę i klopsiki. Doprowadzić do wrzenia, zmniejszyć ogień i gotować bardzo delikatnie przez kolejne 35 do 45 minut, mieszając od czasu do czasu, aż freekeh będzie pulchny i miękki. Zupa powinna być dość gęsta. W razie potrzeby zredukuj lub dodaj trochę wody. Na koniec spróbuj i dopraw do smaku.

c) Gorącą zupę nalewamy do misek i posypujemy kolendrą. Podawaj ćwiartki cytryny na boku.

DESER

95. Słodkie cygara Filo

Na około 12 cygar
SKŁADNIKI
- 1 szklanka / 80 g migdałów w plasterkach
- ½ szklanki / 60 g niesolonych pistacji plus dodatkowa porcja pokruszonych do dekoracji
- 5 łyżek wody
- ½ szklanki / 80 g cukru waniliowego
- 1 duże jajko z wolnego wybiegu, oddzielone i ubite na biało
- 1 łyżka startej skórki z cytryny
- Ciasto filo, pokrojone na dwanaście kwadratów o średnicy 7½ cala / 18 cm
- olej arachidowy, do smażenia
- ½ szklanki / 180 g dobrej jakości miodu

INSTRUKCJE

a) W robocie kuchennym zmiksuj migdały i pistacje na delikatną pastę. Zmielone orzechy wsyp na patelnię, dodaj 4 łyżki wody i cukier. Gotuj na bardzo małym ogniu, aż cukier się rozpuści, około 4 minut. Zdejmij patelnię z ognia i dodaj żółtko i skórkę z cytryny, mieszając je do mieszanki.

b) Połóż 1 arkusz ciasta na czystej powierzchni. Rozprowadź około 1 łyżkę stołową mieszanki orzechów cienkim paskiem wzdłuż najbliższej krawędzi, pozostawiając 2 cm wolnej przestrzeni po lewej i prawej stronie. Złóż obie strony pasty, aby przytrzymać ją na obu końcach, i odsuń się od siebie, tworząc kompaktowe cygaro. Zawiń górną krawędź i sklej ją odrobiną ubitego białka. Powtórzyć z ciastem i nadzieniem.

c) Na patelnię wlej tyle oleju, aby sięgał 2 cm do boków. Rozgrzej olej na średnim ogniu i smaż cygara przez 10 sekund z każdej strony, aż będą złociste.

d) Połóż cygara na talerzu wyłożonym ręcznikiem papierowym i pozostaw do ostygnięcia. Do małego rondla włóż miód i pozostałą 1 łyżkę wody i zagotuj. Gdy miód i woda będą już gorące, lekko zanurzamy ostudzone cygara w syropie na minutę i delikatnie mieszamy, aż będą dobrze pokryte. Wyjąć i ułożyć na talerzu do serwowania. Posypać pokruszonymi pistacjami i pozostawić do ostygnięcia.

96. Puree z buraków z jogurtem i za'atarem

Sprawia: 6

SKŁADNIKI
- 900 g średnich buraków (w sumie około 500 g po ugotowaniu i obraniu)
- 2 ząbki czosnku, zmiażdżone
- 1 małe czerwone chili, pozbawione nasion i drobno posiekane
- w zaokrągleniu 1 szklanka / 250 g jogurtu greckiego
- 1 ½ łyżki syropu daktylowego
- 3 łyżki oliwy z oliwek plus trochę do wykończenia dania
- 1 łyżka zataru
- sól

DEKOROWAĆ
- 2 zielone cebule, pokrojone w cienkie plasterki
- 2 łyżki / 15 g prażonych orzechów laskowych, grubo pokruszonych
- 2 uncje / 60 g miękkiego sera koziego, pokruszonego

INSTRUKCJE

a) Rozgrzej piekarnik do 200°C/400°F.

b) Buraki umyj i włóż do brytfanny. Włóż je do piekarnika i gotuj bez przykrycia, aż nóż z łatwością wsunie się w środek, około 1 godziny. Gdy buraki ostygną i można je wziąć do ręki, obierz je i pokrój każdy na około 6 kawałków. Pozwól ostygnąć.

c) Umieść buraki, czosnek, chili i jogurt w robocie kuchennym i zmiksuj na gładką pastę. Przełożyć do dużej miski i wymieszać z syropem daktylowym, oliwą z oliwek, zatarem i 1 łyżeczką soli. Spróbuj i dodaj więcej soli, jeśli chcesz.

d) Przenieś mieszaninę na płaski talerz do serwowania i za pomocą grzbietu łyżki rozprowadź ją po całym talerzu. Na wierzchu połóż zieloną cebulę, orzechy laskowe i ser, a na koniec skrop odrobiną oleju. Podawać w temperaturze pokojowej.

97. Ka'ach Bilmalch

Na: 30 DO 40 CIASTEK

SKŁADNIKI
- 4 szklanki / 500 g mąki uniwersalnej, przesianej
- 6½ łyżki / 100 ml oleju słonecznikowego
- 6½ łyżki / 100 g niesolonego masła, pokrojonego w kostkę i pozostawionego do zmięknięcia
- 1 łyżeczka szybko rosnących aktywnych suszonych drożdży
- 1 łyżeczka proszku do pieczenia
- 1 łyżeczka cukru
- 1 ½ łyżeczki soli
- ½ łyżeczki mielonego kminku
- 1 ½ łyżki nasion kopru włoskiego, uprażonych i bardzo lekko pokruszonych
- około 6½ łyżki / 100 ml wody
- 1 duże ubite jajko z wolnego wybiegu
- 2 łyżeczki białego i czarnego sezamu

SOS DO MACZANIA
- 35 g pietruszki płaskolistnej (łodygi i liście)
- 1 ząbek czosnku, zmiażdżony
- 2 łyżki / 25 g jasnej pasty tahini
- ½ szklanki / 125 g jogurtu greckiego
- 5 łyżeczek / 25 ml świeżo wyciśniętego soku z cytryny
- szczypta soli

INSTRUKCJE

a) Rozgrzej piekarnik do 200°C/400°F. Do dużej miski wsyp przesianą mąkę, a na środku zrób wgłębienie. Do wgłębienia wlej olej, dodaj masło, drożdże, proszek do pieczenia, cukier, sól i przyprawy i dobrze wymieszaj, aż powstanie ciasto. Stopniowo dodawaj wodę, cały czas mieszając, aż ciasto będzie gładkie. Ugniataj przez kilka minut.

b) Blachę do pieczenia wyłóż papierem pergaminowym. Z kawałków ciasta uformuj małe kulki, każda o wadze około 25 g.

Na czystej powierzchni uformuj kulki w długie węże o grubości około 1 cm i długości od 12 do 13 cm. Z każdego węża uformuj zamknięty pierścień i ułóż na blasze do pieczenia, zachowując odstępy około 2 cm od siebie. Każdy krążek posmaruj jajkiem i posyp lekko sezamem. Pozostaw do wyrośnięcia na 30 minut.

c) Piecz ciasteczka przez 22 minuty, aż uzyskają złoty kolor. Odczekaj, aż ostygną, a następnie przechowuj je w czystym słoiku lub hermetycznym pojemniku. Przechowują się do 10 dni.

d) Aby przygotować sos do maczania, po prostu zmiksuj wszystkie składniki razem, aby uzyskać jednolity zielony sos. Jeśli sos jest bardzo gęsty, dodaj łyżkę lub trochę wody; zależy Ci na ładnej konsystencji powłoki.

98. Bureki

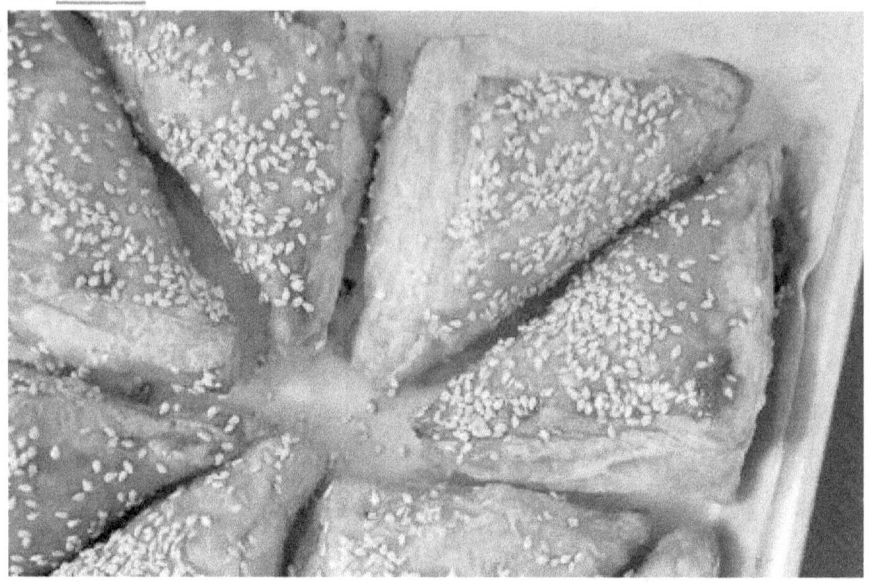

Na: 18 MAŁYCH CIASTECZEK

SKŁADNIKI
- 500 g najwyższej jakości ciasta francuskiego maślanego
- 1 duże ubite jajko z wolnego wybiegu

NADZIENIE Z RICOTTY
- ¼ szklanki / 60 g twarogu
- ¼ szklanki / 60 g sera ricotta
- ⅔ szklanki / 90 szt. pokruszonego sera feta
- 2 łyżeczki / 10 g roztopionego niesolonego masła

NADZIENIE PECORINO
- 3½ łyżki / 50 g serka ricotta
- ⅔ szklanki / 70 g tartego dojrzewającego sera pecorino
- ⅓ szklanki / 50 g startego dojrzewającego sera Cheddar
- 1 por pokrojony w 5-centymetrowe segmenty, blanszowany do miękkości i drobno posiekany (w sumie ¾ szklanki / 80 g)
- 1 łyżka posiekanej natki pietruszki płaskolistnej
- ½ łyżeczki świeżo zmielonego czarnego pieprzu

POSIEW
- 1 łyżeczka nasion czarnuszki
- 1 łyżeczka nasion sezamu
- 1 łyżeczka nasion gorczycy żółtej
- 1 łyżeczka nasion kminku
- ½ łyżeczki płatków chili

INSTRUKCJE

a) Ciasto rozwałkować na dwa kwadraty o średnicy 30 cm każdy i grubości 3 mm. Ułóż arkusze ciasta na blaszce wyłożonej pergaminem – mogą układać się jeden na drugim, umieszczając pomiędzy nimi arkusz pergaminu – i pozostaw w lodówce na 1 godzinę.

b) Każdy zestaw składników nadzienia umieść w osobnej misce. Wymieszaj i odłóż na bok. Wszystkie nasiona wymieszaj w misce i odłóż na bok.

c) Pokrój każdy arkusz ciasta na kwadraty o boku 10 cm; powinieneś otrzymać w sumie 18 kwadratów. Podzielić pierwsze nadzienie równomiernie na połowę kwadratów, nakładając je łyżką na środek każdego kwadratu. Posmaruj jajkiem dwie sąsiednie krawędzie każdego kwadratu, a następnie złóż kwadrat na pół, tworząc trójkąt. Wypuść całe powietrze i mocno ściśnij boki. Chcesz bardzo dobrze docisnąć krawędzie, aby nie otworzyły się podczas gotowania. Powtórzyć z pozostałymi kwadratami ciasta i drugim nadzieniem. Ułożyć na blaszce wyłożonej pergaminem i wstawić do lodówki na co najmniej 15 minut, żeby stwardniało. Rozgrzej piekarnik do 220°C/425°F.

d) Posmaruj dwa krótkie brzegi każdego ciasta jajkiem i zanurz je w mieszance nasion; wystarczy niewielka ilość nasion o szerokości zaledwie ⅙ cala / 2 mm, ponieważ są one dość dominujące. Wierzch każdego ciasta posmaruj również odrobiną jajka, unikając nasion.

e) Upewnij się, że ciasta są rozmieszczone w odległości około 1¼ cala / 3 cm. Piec przez 15 do 17 minut, aż całe ciasto będzie złociste. Podawać na ciepło lub w temperaturze pokojowej. Jeśli podczas pieczenia część nadzienia wyleje się z ciastek, po prostu delikatnie włóż je z powrotem, gdy wystygną na tyle, że będzie można je unieść.

99. Ghraybeh

Na około 45 ciastek

SKŁADNIKI
- ¾ szklanki plus 2 łyżki / 200 g ghee lub masła klarowanego, z lodówki, aby było stałe
- ⅔ szklanki / 70 g cukru cukierniczego
- 3 szklanki / 370 g mąki uniwersalnej, przesianej
- ½ łyżeczki soli
- 4 łyżeczki wody z kwiatu pomarańczy
- 2 ½ łyżeczki wody różanej
- około 5 łyżek / 30 g niesolonych pistacji

INSTRUKCJE
a) W mikserze wyposażonym w końcówkę do ubijania ubijaj ghee i cukier puder przez 5 minut, aż masa będzie puszysta, kremowa i blada. Wymień ubijak na końcówkę do ubijania, dodaj mąkę, sól, wodę różaną i kwiat pomarańczy i mieszaj przez dobre 3 do 4 minut, aż powstanie jednolite, gładkie ciasto. Ciasto zawinąć w folię spożywczą i schłodzić przez 1 godzinę.
b) Rozgrzej piekarnik do 180°C/350°F. Uszczypnij kawałek ciasta o wadze około 15 g i zwiń go w kulkę między dłońmi. Lekko spłaszczamy i układamy na blaszce wyłożonej papierem do pieczenia. Powtórz tę czynność z resztą ciasta, układając ciasteczka na wyłożonych papierem arkuszach w odpowiednich odstępach. W środek każdego ciasteczka wciśnij 1 pistację.
c) Piec przez 17 minut, uważając, aby ciasteczka nie nabrały koloru, ale po prostu się upiekły. Wyjąć z piekarnika i pozostawić do całkowitego wystygnięcia. Przechowuj ciasteczka w szczelnym pojemniku do 5 dni.

100. Mutabaq

Sprawia: 6

SKŁADNIKI
- ⅔ szklanki / 130 g roztopionego, niesolonego masła
- 14 arkuszy ciasta filo, 12 na 15½ cala / 31 na 39 cm
- 2 szklanki / 500 g sera ricotta
- 250 g miękkiego sera z koziego mleka
- pokruszone niesolone pistacje do dekoracji (opcjonalnie)
- SYROP
- 6 łyżek / 90 ml wody
- w zaokrągleniu 1⅓ szklanki / 280 g drobnego cukru
- 3 łyżki świeżo wyciśniętego soku z cytryny

INSTRUKCJE

a) Rozgrzej piekarnik do 230°C/450°F. Posmaruj płytką blachę do pieczenia o wymiarach około 11 na 14½ cala / 28 na 37 cm odrobiną roztopionego masła. Na wierzchu rozłóż arkusz filo, wsuwając go w rogi i pozwalając, aby krawędzie zwisały. Posmaruj całość masłem, przykryj kolejnym arkuszem i ponownie posmaruj masłem. Powtarzaj ten proces, aż będziesz mieć równomiernie ułożone 7 arkuszy, każdy posmarowany masłem.

b) Do miski włóż ricottę i ser kozi, rozgnieć widelcem, dobrze wymieszaj. Rozłóż na górnym arkuszu filo, pozostawiając 2 cm wolnego miejsca wokół krawędzi. Posmaruj powierzchnię sera masłem i połóż na nim pozostałych 7 arkuszy filo, smarując każdy z nich po kolei masłem.

c) Użyj nożyczek, aby odciąć około 2 cm od krawędzi, ale tak, aby nie sięgały sera, aby dobrze trzymał się w cieście. Delikatnie wsuń palcami krawędzie filo pod ciasto, aby uzyskać gładkie krawędzie. Całość posmaruj większą ilością masła. Użyj ostrego noża, aby pociąć powierzchnię na kwadraty o wielkości około 2¾ cala / 7 cm, tak aby nóż sięgał prawie do dna, ale nie do końca. Piec przez 25 do 27 minut, aż będą złociste i chrupiące.

d) W czasie pieczenia ciasta przygotuj syrop. Do małego rondelka wlać wodę i cukier i dobrze wymieszać drewnianą łyżką. Postaw na średnim ogniu, zagotuj, dodaj sok z cytryny i gotuj na wolnym ogniu przez 2 minuty. Zdjąć z ognia.

e) Zaraz po wyjęciu z piekarnika powoli polej syropem ciasto, upewniając się, że równomiernie się wchłonęło. Pozostawić do ostygnięcia na 10 minut. Posyp pokruszonymi pistacjami, jeśli używasz i pokrój na porcje.

WNIOSEK

Kiedy dochodzimy do kulminacji naszej kulinarnej podróży poprzez „Najlepszą książkę kucharską Bliskiego Wschodu", mamy nadzieję, że delektowałeś się bogatym gobelinem smaków, które definiują tę niezwykłą kuchnię. Każdy przepis na tych stronach jest świadectwem starożytnych tradycji kulinarnych, różnorodnych wpływów regionalnych i kunsztu, który ukształtował kuchnię Bliskiego Wschodu.

Niezależnie od tego, czy rozkoszowałeś się aromatycznymi przyprawami marokańskiego tagine, delektowałeś się kremową konsystencją libańskiego mezze, czy też oddałeś się słodyczy perskich deserów, ufamy, że te 100 przepisów przeniosło Cię do serca kulinarnej doskonałości Bliskiego Wschodu.

Niech historie i tradycje wplecione w każde danie pozostaną w Twojej pamięci poza kuchnią, sprzyjając głębszemu docenieniu dziedzictwa kulturowego towarzyszącego kuchni Bliskiego Wschodu. W miarę odkrywania smaków tego urzekającego regionu, niech Twoje kulinarne przygody będą wypełnione radością, odkryciami i trwałym ciepłem bliskowschodniej gościnności. Zapraszamy do delektowania się 100 bogatymi smakami i ponadczasowym urokiem „NAJLEPSZA KSIĄŻKA KUCHENNA NA BLISKIM WSCHODZIE"!

www.ingramcontent.com/pod-product-compliance
Lightning Source LLC
Chambersburg PA
CBHW071303110526
44591CB00010B/755